AF291007

¿Quieres ser poeta?
Arte y oficio

Juan José Donaire García

Preámbulo.

Siempre defendí el concepto de profundidad en la poesía, base fundamental para expresar estados de ánimo, sensaciones y sentimientos y eso implica el abandono total o parcial de las reglas de juego en la poesía clásica. Las retóricas, ese conjunto de reglas o principios que se refieren al arte de hablar o escribir de forma elegante y con corrección con el fin de deleitar, conmover o persuadir.

Sin embargo, es imprescindible para todo poeta rendir honores a ese otro concepto que llamamos ortodoxia, técnicas que esclavas de las pautas y solo con alguna que otra licencia en su presupuesto, realcen la belleza y la musicalidad del poema clásico.

"Quieres ser poeta" es una obra rígida, inflexible, rigurosa y austera, cuyo contenido conlleva un cierto grado didáctico.

El trabajo ordenado por métricas viaja por poemas de arte menor hasta alcanzar complejas composiciones de arte mayor. En algunos casos se explican las técnicas y la contabilidad de sílabas, así como la estructura de las rimas y su desarrollo estructural y semántico. Esa es la citada dimensión didáctica, que no es más ni nada menos que un principio filantrópico.

Quisiera hacer una reflexión sobre la filantropía, esa tendencia a procurar el bien de las personas de manera desinteresada, incluso a costa del interés propio.

Es el compromiso y el fomento de todo lo humano, lo que implica saber dar, sin decir, a quién y por qué. Por otro lado, el término altruismo se refiere a aquella conducta humana que se manifiesta como preocupación o atención desinteresada por el o los otros; lo contrario del egoísmo.

Es un sentimiento o actitud que impulsa a interesarse por las demás personas y a querer ayudarlas, especialmente a las más necesitadas, es decir la caridad, que incluye humanidad, piedad, generosidad, civismo abnegación y desinterés.

Resumiría diciendo que es aquel slogan de hace años de cierta entidad bancaria, que se apropió indebidamente de la frase "no hay un interés más desinteresado". Frase que en realidad le pertenece al concepto del amor, en cualquiera de sus vertientes. Pero sobre todo al de amor al prójimo.

Como contrapunto a este preámbulo finalizo con esa otra arma del poeta, la prosa poética.

Dejo tras de mí una estela de alegrías y lamentos que circunvalan por mi corona de espinas clavadas en mi aturdida mente sangrante y que en su agonía recita las alegorías de lo que pudo ser y no fue.

Dejo tras de mí una maleta vacía de equipaje pues todo lo que fui quedó por el camino de los intentos fallidos y de las ocasiones perdidas por la ceguera de un drama existencial que pudo ser y fue.

Dejo tras de mí una parte de mi esencia y mis pesares que rondaron mi alma para el desequilibrio y la locura que persistente y autóctona formaron los pilares de estos absurdos y fugaces sentimientos.

Dejo tras de mí estos versos que un día salieron a la luz por generación espontánea acudiendo a una cita a ciegas con los diablos al son de una dulce melodía mientras miraba a la Luna.

———————

Introducción a la poesía clásica

Las licencias poéticas.

SINALEFA:

Cuando una palabra termina en vocal y la siguiente comienza con vocal, ambas sílabas gramaticales se unen en una sola sílaba.

Re/ cuer/ de/ el /al/ ma/ dor/ mi/ da
1 2 3 4 5 6 7 8 9
9 sílabas

Re/ cuer/ deel /al/ ma/ dor/ mi/ da
1 2 3 4 5 6 7 8
8 sílabas con Sinalefa

SINÉRESIS:

Cuando dos sílabas que deberían ir separadas gramaticalmente (hiato o vocales abiertas juntas) se cuentan como una sola sílaba, se produce Sinéresis:

Se/ ha/ca/ í/ do/ de/ la/ ca/ ma.
1 2 3 4 5 6 7 8 9
9 sílabas

Se/ ha/ caí /do/ de/ la/ ca/ ma.
1 2 3 4 5 6 7 8
8 sílabas con Sinéresis

DIÉRESIS:

Cuando se rompe un diptongo para pronunciar una sola sílaba en dos.

Ne / gras / vio / las
Ne / gras / vï / o / las

Cuando el verso termina en palabra aguda o monosílaba, se añade una sílaba más.
Cuando el verso termina en palabra esdrújula, se cuenta una sílaba menos.

La rima.

Consiste en la repetición de sonidos a partir de la última vocal acentuada. Existen dos tipos de rimas:

Rima consonante. Consiste en la repetición de vocales y consonantes a partir de la última vocal acentuada.

Rima asonante Consiste en la repetición de vocales a partir de la última vocal acentuada.

La rima no es un recurso necesario e indispensable. Los versos que no riman reciben varios nombres, dependiendo de una serie de aspectos:

Versos sueltos. Son versos que no riman dentro de una composición en la que los restantes versos sí riman.

Versos blancos. Son versos que no riman dentro de una composición en la que los demás versos tampoco riman, pero todos se ajustan a las restantes normas métricas.

La estrofa.

Es un conjunto de dos o más versos cuyas rimas se distribuyen de un modo fijo. Aquí tenéis un esquema de los principales tipos de estrofas, desarrollado luego mediante ejemplos.

NOMBRE	Nº DE VERSOS	Nº DE SÍLABAS	RIMA	ESQUEMA MÉTRICO
Pareado	Dos versos	Arte mayor o menor	Consonante	a, a A, A
Terceto	Tres versos	Arte mayor (endecasílabos)	Consonante	A, B, A B, C, B
Cuarteto	Cuatro versos	Arte mayor (endecasílabos)	Consonante	A, B, B, A
Redondilla	Cuatro versos	Arte menor (octosílabos)	Consonante	a, b, b, a
Serventesio	Cuatro versos	Arte mayor (endecasílabos)	Consonante	A, B, A, B
Cuarteta	Cuatro	Arte menor (octosílabos)	Consonante	a, b, a, b

	versos			
Cuaderna vía	Cuatro versos	Arte mayor (alejandrinos)	Consonante	A, A, A, A
Quinteto	Cinco versos	Arte mayor (endecasílabos)	Consonante	A, B, A, B, A
Quintilla	Cinco versos	Arte menor (octosílabos)	Consonante	a, b, a, b, a
Lira	Cinco versos	Arte mayor y menor (endecasílabos/heptasílabos)	Consonante	7a, 11B, 7a, 7b, 11B
Octava real	Ocho versos	Arte mayor (endecasílabos)	Consonante	A, B, A, B, A, B, C, C
Décima o espinela	Diez versos	Arte menor (octosílabos)	Consonante	a, b, b, a, a, c, c, d, d, c
Soneto	Catorce versos	Arte mayor (endecasílabos)	Consonante	A, B, B, A A, B, B, A C, D, C D, C, D
Romance	Serie ilimitada	Arte menor (octosílabos)	Asonante	-, a ,-, a, -, a, -, a, -, a, ...
Silva y estancia	Serie ilimitada	Arte mayor y menor (heptasílabos/endecasílabos)	Consonante	

Contenido específico de la obra

Iniciaré este trabajo con un ejemplo de análisis del majestuoso soneto de Francisco de Quevedo, para que sirva de base del resto del contenido. Generalmente usaré el soneto, aunque en ocasiones armaré con otras estructuras de rima para adaptar los argumentos al ritmo y la musicalidad adecuada.

La obra empieza con la métrica 6, sencilla pero no carente de contenido específico, y sucesivamente iré aumentando hasta alcanzar la compleja métrica 14, máximo exponente de los grandes poemas alejandrinos.

Todos los poemas de esta obra son de mi propia autoría excepto el ejemplo inicial señalado.

En la parte final y como colofón, desarrollaré poemas de la denominada rima libre o carencia de ella, cuyo contenido y fondo es lo que prevalece, es el concepto mencionado de libertad literaria. Añadiré algún juego de letras, como la estructura geométrica y otros menesteres licenciatorios.

El sentido didáctico de este trabajo no tiene otro objetivo que resaltar los valores de la poesía clásica, sin menoscabo de la moderna estrategia del poema libre, cuyo contenido está basado en el concepto de profundidad más que de doctrina poética.

A la espera de que sea del agrado de mis lectores y amantes de la poesía clásica, no me queda otra cosa que agradecerles haber elegido esta obra tan singular.

Juan José Donaire García

Ejemplo de análisis métrico y rima.
Soneto endecasílabo (arte mayor)

"Miré los muros de la patria mía,
si un tiempo fuertes ya desmoronados
de la carrera de la edad cansados
por quien caduca ya su valentía.

Salime al campo: vi que el sol bebía
los arroyos del hielo desatados,
y del monte quejosos los ganados
que con sombras hurtó su luz al día.

Entré en mi casa: vi que amancillada
de anciana habitación era despojos,
mi báculo más corvo y menos fuerte.

Vencida de la edad sentí mi espada,
y no hallé cosa en que poner los ojos
que no fuese recuerdo de la muerte".

Francisco de Quevedo y Villegas

<h2 style="text-align:center">Métrica:</h2>

mi.ré.los.mu.ros.de.la.pa.tria.mí.a	11
siun.tiem.po.fuer.tes.ya.des.mo.ro.na.dos	11
de.la.ca.rre.ra.de.lae.dad.can.sa.dos	11
por.quien.ca.du.ca.ya.su.va.len.tí.a	11
sa.li.meal.cam.po.vi.queel.sol.be.bí.a	11
los.a.rro.yos.del.hie.lo.de.sa.ta.dos	11
i.del.mon.te.que.jo.sos.los.ga.na.dos	11
que.con.som.bras.hur.tó.su.luz.al.dí.a	11
en.tréen.mi.ca.sa.vi.quea.man.ci.lla.da	11
dean.cia.naha.bi.ta.ción.e.ra.des.po.jos	11
mi.bá.cu.lo.más.cor.voi.me.nos.fuer.te	11
ven.ci.da.de.lae.dad.sen.tí.mies.pa.da	11
i.noha.llé.co.saen.que.po.ner.los.o.jos	11
que.no.fue.se.re.cuer.do.de.la.muer.te	11

Rima:

ABBA ABBA CDC DCD

Análisis estructural.

Este soneto es una muestra perfecta de estructura conclusiva o sintética. Desde una premisa senequista en que decía "adonde quiera que me vuelva veo la evidencia de lo avanzado de la edad. Recientemente visité mi casa de campo..., ahora un edificio derruido", y bajo la reflexión de la "meditatio mortis".

Quevedo estructura un poema se va desarrollando desde espacios exteriores (muros de la patria mía, campo) a uno más íntimo e interior (casa), en progresión de lo general a lo particular y cómo, además, se va incidiendo en dar más y más detalles de cada espacio, según se va del exterior al interior: muro, campo (arroyo, monte), casa (habitación, báculo, espada); cómo las imágenes se van intensificando: gradación ascendente; cómo casi parece un recorrido cinematográfico: de una panorámica general de quien observa, acaba el objetivo en los ojos de éste, cuestión que se ve reforzada por el empleo de verbos visuales: miré, vi, vi, no hallé; y la adjetivación nos va conduciendo a percibir el sentimiento de abandono y decadencia, de muerte: desmoronados, cansados, desatados, quejosos, amancillada, anciana, despojos, corvo, menos fuerte, vencida.

ARTE MENOR

MÉTRICA 6

Hexasílabos

***Nota importante:**

Los análisis estructurales son solo el inicio de los mismos, será el lector quien debe continuarlos si así lo desea.

Leer por leer.

Esos sones, cantos,
palabras ignotas
de frases y notas
con disfraz de encantos.

Túnicas y mantos,
de dichos idiotas,
de grotescas gotas
de tinta de espantos.

Leo para ver
un sin ton ni son,
leer por leer.

Por ser un tostón,
y hay nada que hacer,
hay que ser tontón.

———————

Métrica:

e.sos.so.nes.can.tos	6
pa.la.bras.ig.no.tas	6
de.fra.ses.i.no.tas	6
con.dis.fraz.deen.can.tos	6
tú.ni.cas.i.man.tos	6
de.di.chos.i.dio.tas	6
de.gro.tes.cas.go.tas	6
de.tin.ta.dees.pan.tos	6
le.o.pa.ra.ver	6 = 5 + 1
un.sin.ton.ni.son	6 = 5 + 1
le.er.por.le.er	6 = 5 + 1
por.ser.un.tos.tón	6 = 5 + 1
ihay.na.da.queha.cer	6 = 5 + 1
hay.que.ser.ton.tón	6 = 5 + 1

Rima:
abba abba cdc dcd

Análisis estructural.

Estructura tremendista por desesperanza de algo que se busca y no se encuentra. El poeta busca en la lectura la expresión de sensaciones o sentimientos que alimenten su esencia de pensador (sones y cantos, palabras ignotas) eufemismos o anglicismos, que desatan el rechazo. Lo que pudiera ser encanto resulta ser espanto. (Leer por leer) la búsqueda incansable de algo con sentido. El tremendismo deriva en tragedia, pues ante (nada que hacer), se define a sí mismo como víctima del esperpento.

Presto ya a partir.

Presto ya a partir
presa del olvido,
el mar prohibido
de un cruel sin vivir.

Se oye ya el rugir,
corazón dolido
por haber querido
forjar y construir...

...de una fantasía,
realidad cierta,
más llegado el día...

...con el alma abierta,
llena de alegría,
toca decidir.*

––––––––––––––––

Métrica:

pres.to.yaa.par.tir	6 = 5 + 1
pre.sa.del.ol.vi.do	6
el.mar.pro.hi.bi.do	6
deun.cruel.sin.vi.vir	6 = 5 + 1
seo.ye.yael.ru.gir	6 = 5 + 1
co.ra.zón.do.li.do	6
por.ha.ber.que.ri.do	6
for.jar.i.cons.truir	6 = 5 + 1
deu.na.fan.ta.sí.a	6
re.a.li.dad.cier.ta	6
más.lle.ga.doel.dí.a	6
con.el.al.maa.bier.ta	6
lle.na.dea.le.grí.a	6
to.ca.de.ci.dir	6 = 5 + 1

Rima:
abba abba cdc dca (vs) *verso suelto", (licencia).

Análisis estructural.

El fatalismo tiene su antídoto, y se trata de combatir las angustias a través de la construcción de una nueva ilusión. Los desengaños se asientan en el corazón y hieren el alma, (el mar prohibido de un cruel sin vivir), sin embargo, tomar decisiones es abrigar la esperanza para seguir vivos.

El arma contra el fatalismo es el optimismo.

En viendo un león.

En viendo un león
leona me vi,
en mi corazón,
nunca presentí.

En viendo un león
leona me vi,
perdí la razón,
es lo que hay en mí.

Eso me apasiona
vivir en la selva,
sentirme leona.

Deseo que vuelva
mi león, perdona,
hasta que me envuelva.

Métrica:

en.vien.doun.le.ón	6 = 5 + 1
le.o.na.me.ví	6 = 5 + 1
en.mi.co.ra.zón	6 = 5 + 1
nun.ca.pre.sen.tí	6 = 5 + 1
en.vien.doun.le.ón	6 = 5 + 1
le.o.na.me.ví	6 = 5 + 1
per.dí.la.ra.zón	6 = 5 + 1
es.lo.quehay.en.mí	6 = 5 + 1
e.so.mea.pa.sio.na	6
vi.vir.en.la.sel.va	6
sen.tir.me.le.o.na	6
de.se.o.que.vuel.va	6
mi.le.ón.per.do.na	6
has.ta.que.meen.vuel.va	6

Rima:
abab abab cdc dcd

Análisis estructural.

El poeta disfrazado de feminidad utiliza la cuarteta en vez de la redondilla, estilo particular, además de delicioso y efectivo, y enfatiza a través de la anáfora en ellos, (En viendo un león leona me vi), pero mantiene las tercetas emulando al soneto ortodoxo.

Contenido de estructura idílica y amorosa. Las pasiones son estímulos que desencadenan reacciones exacerbadas.

Moría.

Soñaba, volaba
en mi dulce cielo,
peinaba tu pelo,
volaba, soñaba.

Bailaba, cantaba,
en mi dulce anhelo
piel de terciopelo
cantaba, bailaba.

Vivía, sentía,
tus besos bebía,
sentía, vivía.

Moría de día,
en la noche fría,
y por fin moría.

———————

Métrica:

so.ña.ba.vo.la.ba	6
en.mi.dul.ce.cie.lo	6
pei.na.ba.tu.pe.lo	6
vo.la.ba.so.ña.ba	6
bai.la.ba.can.ta.ba	6
en.mi.dul.cean.he.lo	6
piel.de.ter.cio.pe.lo	6
can.ta.ba.bai.la.ba	6
vi.ví.a.sen.tí.a	6
tus.be.sos.be.bí.a	6
sen.tí.a.vi.ví.a	6
mo.rí.a.de.dí.a	6
en.la.no.che.frí.a	6
i.por.fin.mo.rí.a	6

Rima:

abba abba cdc dcd

Análisis estructural.

Estructura rígida, hermética, métrica seis pura, sin sinalefa. Enfatizada a través de anáfora cruzada que aporta redondez y conclusión, (Soñaba, volaba, volaba, soñaba), que reitera en todo el poema, (Bailaba, cantaba, cantaba, bailaba, Vivía, sentía, sentía, vivía) y sentencia así, (moría de día, y por moría). Aquí el poeta siente la añoranza, el abandono y se rinde al recuerdo.

Vil metal letal.

Aquel esperpento
en la mente mía,
en el alma mía
aquel sufrimiento

El fatuo tormento
que en vivir, vivía
mientras yo dormía,
el cruel sentimiento.

Asfixia letal,
ardientes entrañas
la cuna del mal.

Trampas y marañas,
aquel vil metal,
y al fin, el final.

———————

Métrica:

a.quel.es.per.pen.to	6
en.la.men.te.mí.a	6
a.quel.su.fri.mien.to	6
en.el.al.ma.mí.a	6
el.fa.tuo.tor.men.to	6
queen.vi.vir.vi.ví.a	6
mien.tras.yo.dor.mí.a	6
el.cruel.sen.ti.mien.to	6
as.fi.xia.le.tal	6 = 5 + 1
ar.dien.tes.en.tra.ñas	6
la.cu.na.del.mal	6 = 5 + 1
tram.pas.i.ma.ra.ñas	6
a.quel.vil.me.tal	6 = 5 + 1
ial.fin.el.fi.nal	6 = 5 + 1

Rima:

abba abba cdc dcd

Análisis estructural.

Cuando el poeta baja de su nube y refugio y pisa el suelo firme se enfrenta a una realidad espantosa, dislates, desatinos en un mundo donde la economía galopante cercena las libertades y ese es un terreno cenagoso y oscuro para él. Pues los valores humanos ya no son tan humanos sino valores intrínsecos a la velocidad de vértigo de las economías y los valores en bolsa.

Anhelos, deseos.

Mis brazos abiertos
cual esos meandros
que buscan su mar,
su curso, su vida.

Abyectas promesas
antojo cobarde
empaña el camino,
anhelos, deseos.

Que son y no están,
que vienen y van
como esas las olas...

...del mar de mi amor,
intenso dolor,
mientras, aquí a solas.

———————

Métrica:

mis.bra.zos.a.bier.tos	6
cual.e.sos.me.an.dros	6
que.bus.can.su.mar	6 = 5 + 1
su.cur.so.su.vi.da	6
ab.yec.tas.pro.me.sas	6
an.to.jo.co.bar.de	6
em.pa.ñael.ca.mi.no	6
an.he.los.de.se.os	6
que.son.i.noes.tán	6 = 5 + 1
que.vie.nen.i.van	6 = 5 + 1
co.moe.sas.las.o.las	6
del.mar.de.mia.mor	6 = 5 + 1
in.ten.so.do.lor	6 = 5 + 1
mien.tras.a.quía.so.las	6

Rima:

Sin rima.

Análisis estructural.

Singular composición carente de rima, una pérdida en el camino, (brazos abiertos cual esos meandros que buscan su mar, su curso, su vida), penetrante lamento, (abyectas promesas antojo cobarde empaña el camino), como en otras ocasiones la ausencia de amor es pérdida de la esperanza, (son y no están, que vienen y van, como esas las olas… del mar de mi amor).

Atrapado.

Prendida en mi esencia
la visión de un sueño
que se hizo mi dueño
ante una presencia.

Anclada conciencia
poniendo el empeño
en fin halagüeño
un poco de ciencia.

Nutre de luz mi alma
en este tormento
mientras se me calma.

Al dolor me enfrento
en la capa talma
espero el momento.

———————

Métrica:

pre.di.daen.mie.sen.cia	6
la.vi.sión.deun.sue.ño	6
que.sehi.zo.mi.due.ño	6
an.teu.na.pre.sen.cia	6
an.cla.da.con.cien.cia	6
po.nien.doel.em.pe.ño	6
en.fin.a.la.güe.ño	6
un.po.co.de.cien.cia	6
nu.tre.de.luz.mial.ma	6
en.es.te.tor.men.to	6
mien.tras.se.me.cal.ma	6
al.do.lor.meen.fren.to	6
en.la.ca.pa.tal.ma	6
es.pe.roel.mo.men.to	6

Rima:

abba abba cdc dcd

Análisis estructural.

El deseo plasmado en los sueños atormenta al poeta y se adueña de él, (la visión de un sueño que se hizo mi dueño ante una presencia), buscando la luz en la racionalidad, (fin halagüeño un poco de ciencia. Nutre de luz mi alma).

Encuentra el sosiego a su ansiedad en la esperanza, (Al dolor me enfrento, en la capa talma, espero el momento).

Añoranza.

Enjuta la tez
por la cruel ausencia
maldita conciencia
que ejerce de juez.

Sí, me amó una vez,
y aquella impaciencia,
maldita la ciencia
traidora, par diez.

La quitó de aquí,
la llevó a un cielo,
la apartó de mí.

Y ya no hay consuelo
tan lejos de ti
pues amor, no vuelo.

———————

en.ju.ta.la.tez	6 = 5 + 1
por.la.cruel.au.sen.cia	6
mal.di.ta.con.cien.cia	6
quee.jer.ce.de.juez	6 = 5 + 1
sí.mea.móu.na.vez	6 = 5 + 1
ia.que.llaim.pa.cien.cia	6
mal.di.ta.la.cien.cia	6
trai.do.ra.par.diez	6 = 5 + 1
la.qui.tó.dea.quí	6 = 5 + 1
la.lle.vóa.un.cie.lo	6
laa.par.tó.de.mí	6 = 5 + 1
i.ya.nohay.con.sue.lo	6
tan.le.jos.de.ti	6 = 5 + 1
pues.a.mor.no.vue.lo	6

Rima:

abba abba cdc dcd

Análisis estructural.

La pérdida de un ser querido deja un vacío que no se puede llenar con nada. Las ausencias demacran y someten los pensamientos a la conciencia, (cruel ausencia, maldita conciencia que ejerce de juez), y los dolores sufridos atormentan, (impaciencia, maldita la ciencia), y conduce a la desesperanza, (no hay consuelo tan lejos de ti).

Pérdida.

Vives en mi mente,
aquí estás presente,
sutil, persistente,
este fiel, demente.

Nunca estuvo ausente,
sagaz, consecuente,
de dolor creciente
pues el alma siente....

...triste soledad
la dura ansiedad,
severa verdad.

No tenía edad
y una enfermedad
no tuvo piedad.

———————

Métrica:

vi.ves.en.mi.men.te   6
a.quíes.tás.pre.sen.te   6
su.til.per.sis.ten.te   6
es.te.fiel.de.men.te   6
nun.caes.tu.voau.sen.te   6
sa.gaz.con.se.cuen.te   6
de.do.lor.cre.cien.te   6
pues.el.al.ma.sien.te   6
tris.te.so.le.dad   6 = 5 + 1
la.du.raan.sie.dad   6 = 5 + 1
se.ve.ra.ver.dad   6 = 5 + 1
no.te.ní.ae.dad   6 = 5 + 1
iu.naen.fer.me.dad   6 = 5 + 1
no.tu.vo.pie.dad   6 = 5 + 1

Rima:

aaaa aaaa bbb bbb

Análisis estructural.

La tragedia se aloja en el alma y se perpetúa intentando llevar a la locura, es la mente la encargada de disipar esos sentimientos que nos permitan seguir viviendo, (Vives en mi mente, aquí estás presente, sutil, persistente), se aprende a convivir con la soledad, (sagaz, consecuente, de dolor creciente pues el alma siente.... triste soledad), la sentencia final es definitiva, (una enfermedad no tuvo piedad).

Te espero.

Desde mi atalaya
te siento llegar,
rima el verbo amar
y que no se vaya.

Ya veo la playa,
quiero navegar
como en aquel lugar
que un amor subraya.

Desde mi balcón
veo primavera
en ti, corazón.

La sangre se altera,
pierdo la razón,
tu amada te espera.

———————

Métrica:

des.de.mia.ta.la.ya	6
te.sien.to.lle.gar	6 = 5 + 1
ri.mael.ver.boa.mar	6 = 5 + 1
i.que.no.se.va.ya	6
ya.ve.o.la.pla.ya	6
quie.ro.na.ve.gar	6 = 5 + 1
co.moen.quel.lu.gar	6 = 5 + 1
queun.a.mor.su.bra.ya	6
des.de.mi.bal.cón	6 = 5 + 1
ve.o.pri.ma.ve.ra	6
en.ti.co.ra.zón	6 = 5 + 1
la.san.gre.seal.te.ra	6
pier.do.la.ra.zón	6 = 5 + 1
tua.ma.da.tees.pe.ra	6

Rima:

abba abba cdc dcd

Análisis estructural.

El entusiasmo aparece cuando aparece el amor, es el renacer de una primavera que abriga a una soledad fría, (te siento llegar, rimas el verbo amar), y los lugares son escenarios inolvidables, (lugar que un amor subraya).

De nuevo el poeta se inviste de feminidad para difundir los sentimientos de su musa, la parte femenina que todos poseemos ve la luz de esta manera.

MÉTRICA 7

Heptasílabos

Principal.

Principio, principal,
decisiva, importante
con figura y talante,
origen, primordial.

Es lo fundamental,
exclusiva, tajante,
de una vida incesante,
es aquello esencial.

Principal, el principio,
vía magna, avenida
de cualquier municipio.

Nos da la bienvenida
de la ruta es inicio,
preferente, querida.

———————

Métrica:

prin.ci.pio.prin.ci.pal	7 = 6 + 1
de.ci.si.vaim.por.tan.te	7
con.fi.gu.rai.ta.lan.te	7
o.ri.gen.pri.mor.dial	7 = 6 + 1
es.lo.fun.da.men.tal	7 = 6 + 1
ex.clu.si.va.ta.jan.te	7
deu.na.vi.dain.ce.san.te	7
es.a.que.lloe.sen.cial	7 = 6 + 1
prin.ci.pal.el.prin.ci.pio	7
ví.a.mag.naa.ve.ni.da	7
de.cual.quier.mu.ni.ci.pio	7
nos.da.la.bien.ve.ni.da	7
de.la.ru.taes.i.ni.cio	7
pre.fe.ren.te.que.ri.da	7

Rima:

abba abba cdc dcd

Análisis estructural.

Se intuye un concepto seudo bucólico, aunque urbano, en esta composición el poeta ensalza la brillantez de una calle que es avenida y como tal es principal, (principal, decisiva, importante con figura y talante), (el principio, vía magna, avenida), y señala el inicio de algo, tal vez una nueva vida, de la ruta es inicio, preferente, querida). Se trata de diferenciar lo principal de lo accesorio o secundario.

Encasillado.

Viernes es mi casilla,
cuadro del calendario,
pues menudo calvario
hasta ocupar mi silla.

Qué condena chiquilla,
con este ritmo diario
y yo en el extrarradio,
con esta suerte pilla.

Viernes, y de ceniza,
de ceniza y las brasas
y la piel se me eriza.

Al pensar que me abrasas,
es una cruel paliza,
esperar me traspasa.

———————

Métrica:

vier.nes.es.mi.ca.si.lla	7
cua.dro.del.ca.len.da.rio	7
pues.me.nu.do.cal.va.rio	7
has.tao.cu.par.mi.si.lla	7
qué.con.de.na.chi.qui.lla	7
con.es.te.rit.mo.dia.rio	7
i.yoen.el.ex.tra.rra.dio	7
con.es.ta.suer.te.pi.lla	7
vier.nes.i.de.ce.ni.za	7
de.ce.ni.zai.las.bra.sas	7
i.la.piel.se.mee.ri.za	7
al.pen.sar.que.mea.bra.sas	7
es.u.na.cruel.pa.li.za	7
es.pe.rar.me.tras.pa.sa	7

Rima:

abba abba cdc dcd

Análisis estructural.

El amor es impaciente y egoísta, no admite esperas, designar días concretos, momentos específicos es una tortura para el amador, (mi casilla, cuadro del calendario), pero las circunstancias mandan y la tolerancia prevalece sobre las exigentes ansias de amar, (ritmo diario, y yo en el extrarradio), y el fuego quema, (la piel se me eriza. Al pensar que me abrasas), y la espera desespera, (cruel paliza, esperar me traspasa).

Invierno.

Dónde quedó el invierno
abrazos de penurias
las ansias y las furias
dónde quedó el infierno.

Invierno, dulce y tierno,
cargado de lujurias
legítimas, espurias,
invierno de gobierno.

Tránsitos de destinos
que sin mediar remedio,
llevan a desatinos.

Vinos de tragos finos,
sin medida ni medio
más son tragos divinos.

———————

Métrica:

dón.de.que.dóel.in.vier.no	7
a.bra.zos.de.pe.nu.rias	7
las.an.sias.i.las.fu.rias	7
dón.de.que.dóel.in.fier.no	7
in.vier.no.dul.cei.tier.no	7
car.ga.do.de.lu.ju.rias	7
le.gí.ti.mas.es.pu.rias	7
in.vier.no.de.go.bier.no	7
trán.si.tos.de.des.ti.nos	7
que.sin.me.diar.re.me.dio	7
lle.van.a.de.sa.ti.nos	7
vi.nos.de.tra.gos.fi.nos	7
sin.me.di.da.ni.me.dio	7
más.son.tra.gos.di.vi.nos	7

Rima:

abba abba cdc cdc* (licencia)

Análisis estructural.

Cuando con las primeras brisas cálidas se avecina una primavera, vienen a nuestros recuerdos momentos vividos en un tiempo pasado, (Dónde quedó el invierno), (las ansias y las furias dónde quedó el infierno), a pesar de las penurias. Pero siempre queda el recuerdo de lo bello, (Invierno, dulce y tierno), (de lujurias legítimas), aciertos y desaciertos, (sin mediar remedio, llevan a desatinos), (tragos finos, tragos divinos).

Asturias

La patria de una Virgen
encuevada, dormida,
¡Ay! Mi Asturias querida,
principado y origen.

Pautas que redirigen
los placeres de vida,
abrigo y acogida,
feliz vivalavirgen.

Verdes acantilados,
balcones del Cantábrico,
a ese mar asomados.

Un entorno fantástico
de los enamorados,
de querer idolátrico.

———————

Métrica:

la.pa.tria.deu.na.vir.gen	7
en.cue.va.da.dor.mi.da	7
ay.mias.tu.rias.que.ri.da	7
prin.ci.pa.doi.o.ri.gen	7
pau.tas.que.re.di.ri.gen	7
los.pla.ce.res.de.vi.da	7
a.bri.goi.a.co.gi.da	7
fe.liz.vi.va.la.vir.gen	7
ver.des.a.can.ti.la.dos	7
bal.co.nes.del.can.tá.bri.co	7 = 8 -1
ae.se.mar.a.so.ma.dos	7
un.en.tor.no.fan.tás.ti.co	7 = 8 -1
de.los.e.na.mo.ra.dos	7
de.que.rer.i.do.lá.tri.co	7 = 8 -1

Rima:

abba abba cdc dcd

Análisis estructural.

En ocasiones la inspiración surge de la propia actividad profesional, y no es primer caso ni mucho menos, que un técnico o un científico desarrolle facetas poéticas. Este es el caso de este singular ejemplo, que lleva la poesía a actividades arquitectónicas.

Denia.

Denia, valor seguro,
joya mediterránea,
sutil, contemporánea,
edén para un conjuro.

Respirar aire puro,
de belleza espontánea,
romana, coetánea,
felicidad auguro.

Prendida de colinas
frente al mar, juguetonas
las olas que apadrinas..

...alegres y burlonas,
bañan así, anodinas
caricias que bastionas.

———————

Métrica:

de.nia.va.lor.se.gu.ro	7
jo.ya.me.di.te.rrá.ne.a	7 = 8 -1
su.til.con.tem.po.rá.ne.a	7 = 8 -1
e.dén.pa.raun.con.ju.ro	7
res.pi.rar.ai.re.pu.ro	7
de.be.lle.zaes.pon.tá.ne.a	7 = 8 -1
ro.ma.na.co.e.tá.ne.a	7 = 8 -1
fe.li.ci.dad.au.gu.ro	7
pren.di.da.de.co.li.nas	7
fren.teal.mar.ju.gue.to.nas	7
las.o.las.quea.pa.dri.nas	7
a.le.gres.i.bur.lo.nas	7
ba.ñan.a.sía.no.di.nas	7
ca.ri.cias.que.bas.tio.nas	7

Rima:

abba abba cdc dcd

Análisis estructural.

En esos paréntesis, donde las escuadras y cartabones descansan y los cálculos y plomadas necesitan un respiro, nace la imagen del poeta de un futuro, algo que se presiente como cierto y que está en nuestras manos.

Días de vino y rosas.

Días de vino y rosas
tal que esas amapolas
desafiando a las olas
de una tempestad, cosas...

...para el archivo, cosas
que vienen ellas solas,
cosas que no controlas,
son pues aquellas cosas...

...dentro de un corazón
animosas, austeras,
que quitan la razón.

Son adyectas quimeras
fruto del desazón
para que tú me quieras.

———————

Métrica:

dí.as.de.vi.noi.ro.sas	7
tal.quee.sas.a.ma.po.las	7
de.sa.fian.doa.las.o.las	7
deu.na.tem.pes.tad.co.sas	7
pa.rael.ar.chi.vo.co.sas	7
que.vie.nen.e.llas.so.las	7
co.sas.que.no.con.tro.las	7
son.pues.a.que.llas.co.sas	7
den.tro.deun.co.ra.zón	7 = 6 + 1
a.ni.mo.sas.aus.te.ras	7
que.qui.tan.la.ra.zón	7 = 6 + 1
son.ad.yec.tas.qui.me.ras	7
fru.to.del.de.sa.zón	7 = 6 + 1
pa.ra.que..me.quie.ras	7

Rima:

abba abba cdc dcd

Análisis estructural.

Las dificultades, los frenos que producen ansiedad desencadenan los gritos del alma del poeta, (desafiando a las olas de una tempestad, cosas... para el archivo), y se intenta olvidar. La incertidumbre corroe las mentes, (cosas que no controlas, son pues aquellas cosas... dentro de un corazón, animosas, austeras, que quitan la razón).

Lágrimas al viento.

Los versos de un poeta
son lágrimas al viento
en las noches de adviento,
pues el alma está inquieta.

Hilos de marioneta
presos por un tormento,
ramas secas, sarmiento
del trigo seco, dieta...

...de los amores sabios,
de los grandes poderes
de esos tus lindos labios.

Luz en amaneceres,
pócima de resabios,
cuna de los quereres.

———

Métrica:

los.ver.sos.deun.po.e.ta	7
son.lá.gri.mas.al.vien.to	7
en.las.no.ches.dead.vien.to	7
pues.el.al.maes.táin.quie.ta	7
hi.los.de.ma.rio.ne.ta	7
pre.sos.por.un.tor.men.to	7
ra.mas.se.cas.sar.mien.to	7
del.tri.go.se.co.die.ta	7
de.los.a.mo.res.sa.bios	7
de.los.gran.des.po.de.res	7
dee.sos.tus.lin.dos.la.bios	7
luz.en.a.ma.ne.ce.res	7
pó.ci.ma.de.re.sa.bios	7
cu.na.de.los.que.re.res	7

Rima:

abba abba cdc dcd

Análisis estructural.

Llora el poeta en silencio, (son lágrimas al viento), pues en sus adentros le consume, (el alma está inquieta), la angustia se apodera de él, (presos por un tormento, ramas secas, sarmiento del trigo seco).

Angustias y penas.

El amor es la rosa
del más fino cristal,
fragancia celestial,
y eso no es cualquier cosa.

El amor es la prosa
leída en pedestal,
discurso sin final,
y eso no es cualquier cosa.

Las angustias son losas
de mármol traventino,
que congela las cosas.

Y las penas, rocosas
piedras de ese destino
que marchitan las rosas.

———————

Métrica:

el.a.mor.es.la.ro.sa	7
de.más.fi.no.cris.tal	7 = 6 + 1
fra.gan.cia.ce.les.tial	7 = 6 + 1
ie.so.noes.cual.quier.co.sa	7
el.a.mor.es.la.pro.sa	7
le.í.daen.pe.des.tal	7 = 6 + 1
dis.cur.so.sin.fi.nal	7 = 6 + 1
ie.so.noes.cual.quier.co.sa	7
las.an.gus.tias.son.lo.sas	7
de.már.mol.tra.ven.ti.no	7
que.con.ge.la.las.co.sas	7
i.las.pe.nas.ro.co.sas	7
pie.dras.dee.se.des.ti.no	7
que.mar.chi.tan.las.ro.sas	7

Rima:

abba abba cdc cdc

Análisis estructural.

La fragilidad es el talón de Aquiles del amor, (es la rosa de más fino cristal), y su arma la angustia, (Las angustias son losas de mármol traventino, que congela las cosas). Y las penas, (las penas, rocosas piedras de ese destino).

57

Mis armas.

Es mi espada esa pluma,
y mi escudo un papel,
armas con las que lucho,
pongo la vida en él.

Bendita seas pluma
que llenas con mi sangre,
sueños, y mis pasiones,
mi esperanza y mi vida.

Y bendito papel
testigo de lo eterno,
la sangre derramada
que salió del tintero.

Hoy recordarte quiero,
que serví y me servisteis,
en la tierra, en el cielo,
que es lo que queda luego.

———————

Métrica:

es.mies.pa.dae.sa.plu.ma	7
i.mies.cu.doun.pa.pel	7 = 6 + 1
ar.mas.con.las.que.lu.cho	7
pon.go.la.vi.daen.él	7 = 6 + 1
ben.di.ta.se.as.plu.ma	7
que.lle.nas.con.mi.san.gre	7
sue.ños.i.mis.pa.sio.nes	7
mies.pe.ran.zai.mi.vi.da	7
i.ben.di.to.pa.pel	7 = 6 + 1
tes.ti.go.de.loe.ter.no	7
la.san.gre.de.rra.ma.da	7
que.sa.lió.del.tin.te.ro	7
hoy.re.cor.dar.te.quie.ro	7
que.ser.víi.me.ser.vis.teis	7
en.la.tie.rraen.el.cie.lo	7
quees.lo.que.que.da.lue.go	7

Rima:

Sin rima. Versos blancos.

Análisis estructural.

El poeta se sube a la grupa de su caballo alado y se arma, (mi espada esa pluma, y mi escudo un papel), con ellas cabalga por sus sentimientos, (lucho, pongo la vida en él), su vida gira en torno a esos sentimientos y la lucha es contra sí mismo.

Colores.

Paseo por los esos
lindos tonos del mar,
supiro de color,
malvas, rosas, púrpuras,
azul, turquesa, grises...

...y cómo no, marrón,
ese rojo de sangre,
aquel negro azabache
de las almas impuras,
insaciables de mal...

...los infames demonios
las sucias alimañas
de los indeseables...
...de los viles proscritos,
expatriados, malditos.

Métrica:

pa.se.o.por.los.e.sos	7
lin.dos.to.nos.del.mar	7 = 6 + 1
su.pi.ro.de.co.lor	7 = 6 + 1
mal.vas.ro.sas.pur.pu.ras	7
a.zul.tur.que.sa.gri.ses	7
i.có.mo.no.ma.rrón	7 = 6 + 1
e.se.ro.jo.de.san.gre	7
a.quel.ne.groa.za.ba.che	7
de.las.al.mas.im.pu.ras	7
in.sa.cia.bles.de.mal	7 = 6 + 1
los.in.fa.mes.de.mo.nios	7
las.su.cias.a.li.ma.ñas	7
de.los.in.de.se.a.bles	7
de.los.vi.les.pros.cri.tos	7
ex.pa.tria.dos.mal.di.tos	7

Rima:

Sin rima. Versos blancos.

Análisis estructural.

Quintetas en arte menor sin rima, recurso de protesta y a veces de indignación. La vida tiene diferentes tonalidades, (los esos lindos tonos del mar), si bien es cierto que depende del cristal con que se mire, pues lo que para uno es blanco a otro le puede parecer negro.

MÉTRICA 8

Octosílabos

Rendida.

Muy rendida, atosigada,
a los pies de los caballos
por el canto de los gallos
en esta infame velada.

Muy ausente, separada,
por culpa de esos vasallos
que te recortan los tallos,
de tus encantos negada.

Sin equipaje, sin dotes,
una mísera cartera,
cuatro latas y dos botes.

Y nada en la faltriquera,
carambolas y rebotes,
una manta y carretera.

———————

Métrica

muy.ren.di.daa.to.si.ga.da	8
a.los.pies.de.los.ca.ba.llos	8
por.el.can.to.de.los.ga.llos	8
en.es.tain.fa.me.ve.la.da	8
muy.au.sen.te.se.pa.ra.da	8
por.cul.pa.dee.sos.va.sa.llos	8
que.te.re.cor.tan.los.ta.llos	8
de.tus.en.can.tos.ne.ga.da	8
sin.e.qui.pa.je.sin.do.tes	8
u.na.mi.se.ra.car.te.ra	8
cua.tro.la.tas.i.dos.bo.tes	8
i.na.daen.la.fal.tri.que.ra	8
ca.ram.bo.las.i.re.bo.tes	8
u.na.man.tai.ca.rre.te.ra	8

Rima.

abba, abba, cdc, dcd.

Análisis estructural.

Una vez más el poeta se sube al carro de la visión femenina para dar fe de acontecimientos futuros que ve en su mente atormentada. (A los pies de los caballos por el canto de los gallos). Es la incertidumbre de una mujer que no tiene claro del todo lo que busca, sin embargo sus ojos hablan más que sus palabras, y el poeta es lector de ojos.

Brillos y resplandor.

Brillan esos girasoles
ávidos de primavera
una mañana cualquiera,
quisieran ser como soles.

Entonan los sí bemoles
por alcanzar la quimera
una mañana cualquiera,
quisieran ser tornasoles.

Cierran azabache noche
una mañana cualquiera
apuran hasta el derroche.

El resplandor que se espera,
al día le ponen broche
una mañana cualquiera.

Métrica 8

bri.llan.e.sos.gi.ra.so.les	8
á.vi.dos.de.pri.ma.ve.ra	8
u.na.ma.ña.na.cua.quie.ra	8
qui.sie.ran.ser.co.mo.so.les	8
en.to.nan.los.sí.be.mo.les	8
por.al.can.zar.la.qui.me.ra	8
u.na.ma.ña.na.cua.quie.ra	8
qui.sie.ran.ser.tor.na.so.les	8
cie.rran.a.za.ba.che.no.che	8
u.na.ma.ña.na.cua.quie.ra	8
a.pu.ran.has.tael.de.rro.che	8
el.res.plan.dor.que.sees.pe.ra	8
al.dí.a.le.po.nen.bro.che	8
u.na.ma.ña.na.cua.quie.ra	8

Rima:

abba, abba, cdc, dcd.

Análisis estructural.

En el corazón del poeta siempre se alberga la esperanza de un nuevo amanecer, y en su alma el culto a su verdadera musa que es el amor. (Brillan esos girasoles ávidos de primavera una mañana cualquiera), y las largas noches no son más que la espera de ese nuevo amanecer que puede llegar siempre. La parte bucólica esta vez son los girasoles que miran a la luz del sol, y quisieran ser soles.

Confusión.

Extraña dicotomía
y confusa percepción,
las razones y razón
en esta existencia mía.

Dulces besos que bebía
que parten del corazón,
en mi nube de algodón
y ese amor que yo sentía...

...hasta el alma me dolía
en ese juego burlón,
y es que es este día a día...

_______________.

Métrica:

ex.tra.ña.di.co.to.mí.a	8
i.con.fu.sa.per.cep.ción	8 = 7 + 1
las.ra.zo.nes.i.ra.zón	8 = 7 + 1
en.es.tae.xis.ten.cia.mí.a	8
dul.ces.be.sos.que.be.bí.a	8
que.par.ten.del.co.ra.zón	8 = 7 + 1
en.mi.nu.be.deal.go.dón	8 = 7 + 1
ie.sea.mor.que.yo.sen.tí.a	8
has.tael.al.ma.me.do.lí.a	8
en.e.se.jue.go.bur.lón	8 = 7 + 1
ies.quees.es.te.dí.aa.dí.a	8
de.lain.tri.ga.que.mehun.dí.a	8
a.quien.es.ta.mi.pri.sión	8 = 7 + 1
i.mien.tras.tan.to.vi.ví.a	8

Rima:

abba abba aba aba

Análisis estructural.

Estructura rígida con rima esclava en todo el soneto, es la forma elegida para el énfasis por la musicalidad que desencadena este procedimiento. Sin embargo el poema traza ese estado de confusión como fondo argumental (dicotomía y confusa percepción, las razones y razón en esta existencia mía). Es ni más ni menos que el desequilibrio existencial, pues la añoranza presente en el texto denota tristeza por una pérdida.

Una mujer.

Una mujer es la llama
que queda siempre encendida
en el alma, está prendida
en ti, si una mujer te ama.

Una mujer es la dicha
que atrapa siempre la vida
en caso de una caída
o en caso de una desdicha.

Una mujer... es el cielo...
una mujer..., un te quiero...
una mujer... es pañuelo...

Para cualquier desconsuelo
una mujer es salero...
que te levanta del suelo.

———————

Métrica:

u.na.mu.jer.es.la.lla.ma	8
que.que.da.siem.preen.cen.di.da	8
en.el.al.maes.tá.pren.di.da	8
en.ti.siu.na.mu.jer.tea.ma	8
u.na.mu.jer.es.la.di.cha	8
quea.tra.pa.siem.pre.la.vi.da	8
en.ca.so.deu.na.ca.í.da	8
oen.ca.so.deu.na.des.di.cha	8
u.na.mu.jer.es.el.cie.lo	8
u.na.mu.jer.un.te.quie.ro	8
u.na.mu.jer.es.pa.ñue.lo	8
pa.ra.cual.quier.des.con.sue.lo	8
u.na.mu.jer.es.sa.le.ro	8
que.te.le.van.ta.del.sue.lo	8

Rima:
abba, cbbc, ded, ded.

Análisis estructural.

Singular composición que alterna la rima caprichosamente al tratarse de un ensalzamiento de la figura femenina y su trascendencia en la vida de un hombre. Es (la dicha en la desdicha), es (pañuelo en el desconsuelo), es quien (te levanta del suelo) en las caídas.

Ejercicios:

A partir de aquí puedes hacer tus propios análisis estructurales o comentarios a los textos poéticos.

Olas.

Son esas rojas, rosadas,
inigualable manjar
acunadas en tu mar,
aguas que cuidan las hadas.

De esas tus tierras doradas
por ese sol que sin par,
en ti se quiere posar
para saberlas amadas.

Marinera y pescadora
del macizo capital
la tenue y aduladora.

El principio y el final,
abrigo y acogedora,
nos libras de todo mal.

———————

Métrica:

son.e.sas.ro.jas.ro.sa.das	8
i.ni.gua.la.ble.man.jar	8 = 7 + 1
a.cu.na.das.en.tu.mar	8 = 7 + 1
a.guas.que.cui.dan.las.ha.das	8
dee.sas.tus.tie.rras.do.ra.das	8
por.e.se.sol.que.sin.par	8 = 7 + 1
en.ti.se.quie.re.po.sar	8 = 7 + 1
pa.ra.sa.ber.las.a.ma.das	8
ma.ri.ne.rai.pes.ca.do.ra	8
del.ma.ci.zo.ca.pi.tal	8 = 7 + 1
la.te.nuei.a.du.la.do.ra	8
el.prin.ci.pioi.el.fi.nal	8 = 7 + 1
a.bri.goi.a.co.ge.do.ra	8
nos.li.bras.de.to.do.mal	8 = 7 + 1

Rima:

abba, abba, cdc, dcd.

Análisis estructural.

Nota:

Es importante identificar el tema, bucólico, romántico o cualquier estado de ánimo que se detecte en el poema. Las técnicas usadas y cualquier otro aspecto que parezca esencial para el entrenamiento. Y por supuesto los errores o deficiencias.

Jaén.

Jaén, cuna del olivo,
verde de esa Andalucía,
que en la noche y en el día
presenta semblante altivo.

Serenidad, el cultivo,
de la aceituna abadía,
oro líquido, utopía,
un primoroso festivo.

Tierras duras, duras penas
y alegrías de un compás,
pero las venas nos llenas…

…como si fueses un "bypass"
y tierras limpias, patenas,
no se puede pedir más.

———————

Métrica:

ja.én.cu.na.del.o.li.vo	8
ver.de.dee.saan.da.lu.cí.a	8
queen.la.no.chei.en.el.dí.a	8
pre.sen.ta.sem.blan.teal.ti.vo	8
se.re.ni.dad.el.cul.ti.vo	8
de.laa.cei.tu.naa.ba.dí.a	8
o.ro.lí.qui.dou.to.pí.a	8
un.pri.mo.ro.so.fes.ti.vo	8
tie.rras.du.ras.du.ras.pe.nas	8
ia.le.grí.as.deun.com.pás	8 = 7 + 1
pe.ro.las.ve.nas.nos.lle.nas	8
co.mo.si.fue.ses.un.pas	8 = 7 + 1
i.tie.rras.lim.pias.pa.te.nas	8
no.se.pue.de.pe.dir.más	8 = 7 + 1

Rima:

abba, abba, cdc, dcd.

Análisis estructural.

Poema bucólico, soneto clásico en arte menor como estructura formal y énfasis en destacar la belleza de un lugar.

En cualquier caso lo importante es destacar el mensaje que el poeta quiere dar, y la relación siempre entre él y el amor, que esta vez es hacia un lugar geográfico y no tanto hacia una persona. El amor abarca diversas dimensiones y no siempre es hacia alguien sino hacia algo.

Esposa.

Antojo de mis pupilas
encendidas de pasión,
en esas noches tranquilas,
adagio de una ilusión.

Delicada y primorosa
dueña de mi corazón,
el esplendor de una rosa
que roza la perfección.

Cuidadosa, habilidosa,
qué maestría y esmero,
sí, como si cualquier cosa.

Aquí en mi alma así se posa,
es por eso que te quiero
y quiero hacerte mi esposa.

———————

Rima:

an.to.jo.de.mis.pu.pi.las	8
en.cen.di.das.de.pa.sión	8 = 7 + 1
en.e.sas.no.ches.tran.qui.las	8
a.da.jio.deu.nai.lu.sión	8 = 7 + 1
de.li.ca.dai.pri.mo.ro.sa	8
due.ña.de.mi.co.ra.zón	8 = 7 + 1
el.es.plen.dor.deu.na.ro.sa	8
que.ro.za.la.per.fec.ción	8 = 7 + 1
cui.da.do.saha.bi.li.do.sa	8
qué.ma.es.trí.ai.es.me.ro	8
sí.co.mo.si.cual.quier.co.sa	8
a.quíen.mial.maa.sí.se.po.sa	8
es.por.e.so.que.te.quie.ro	8
i.quie.roha.cer.te.mies.po.sa	8

Rima:

**abab, cbcb, cdc, cdc licencia.
Análisis estructural.**

Estructura.

Lienzos, panfletos, papiros
que con mi plumilla preño
y le pongo mucho empeño,
sentimientos y suspiros...

...que salen para teñiros,
pintando de dulce sueño
y lo demás lo desdeño
para así dar más de un giro.

Hipotenusa y catetos
de ese triángulo escaleno
en cuartetos y tercetos...

...dejar tu corazón lleno,
espíritu, alma en coretos,
ejerciendo de galeno.

———

Métrica:

lien.zos.pan.fle.tos.pa.pi.ros	8
que.con.mi.plu.mi.lla.pre.ño	8
i.le.pon.go.mu.choem.pe.ño	8
sen.ti.mien.tos.i.sus.pi.ros	8
que.sa.len.pa.ra.te.ñi.ros	8
pin.tan.do.de.dul.ce.sue.ño	8
i.lo.de.más.lo.des.de.ño	8
pa.raa.sí.dar.más.deun.gi.ro	8
hi.po.te.nu.sai.ca.te.tos	8
dee.se.trián.gu.loes.ca.le.no	8
en.cuar.te.tos.i.ter.ce.tos	8
de.jar.tu.co.ra.zón.lle.no	8
es.pí.ri.tual.maen.co.re.tos	8
e.jer.cien.do.de.ga.le.no	8

Rima:

abba, abba, cdc, dcd.

Análisis estructural.

Entornos.

Es en este espacio idílico
de vivir la fantasía,
de pastoral poesía
con el rango de bucólico.

Más lo ancestral y romántico
el despertar día a día
con la cabeza bien fría
y el espíritu semántico.

En esas ardientes voces
hay rasgos de pleitesía
pero aún no me conoces.

Princesita, amada mía,
son sentimientos atroces
los que un poeta sentía.

Métrica:

es.en.es.tees.pa.cioi.dí.li.co	8 = 9 -1
de.vi.vir.la.fan.ta.sí.a	8
de.pas.to.ral.po.e.sí.a	8
con.el.ran.go.de.bu.có.li.co	8 = 9 -1
más.loan.ces.tral.i.ro.mán.ti.co	8 = 9 -1
el.des.per.tar.dí.aa.dí.a	8
con.la.ca.be.za.bien.frí.a	8
iel.es.pí.ri.tu.se.mán.ti.co	8 = 9 -1
en.e.sas.ar.dien.tes.vo.ces	8
hay.ras.gos.de.plei.te.sí.a	8
pe.roa.ún.no.me.co.no.ces	8
prin.ce.si.taa.ma.da.mí.a	8
son.sen.ti.mien.tos.a.tro.ces	8
los.queun.po.e.ta.sen.tí.a	8

Rima:

abba, abba, cdc, dcd.

Análisis estructural.

Premonición.

Enjuago con agua clara
las voces de mi tintero
por la mujer que yo quiero,
es que me parto la cara...

...es como si me cegara,
es el duelo de un torero,
el penalti para un portero,
que la muerte le causara.

Lágrimas de mi pañuelo
esas tintas que hoy derramo
por este cruel desconsuelo...

...de sentirme en este cielo
con umbral de sátiro amo,
infierno por donde vuelo.

––––––––––––

Métrica:

en.jua.go.con.a.gua.cla.ra	8
las.vo.ces.de.mi.tin.te.ro	8
por.la.mu.jer.que.yo.quie.ro	8
es.que.me.par.to.la.ca.ra	8
es.co.mo.si.me.ce.ga.ra	8
es.el.due.lo.deun.to.re.ro	8
el.pe.nal.pa.raun.por.te.ro	8
que.la.muer.te.le.cau.sa.ra	8
lá.gri.mas.de.mi.pa.ñue.lo	8
e.sas.tin.tas.quehoy.de.rra.mo	8
por.es.te.cruel.des.con.sue.lo	8
de.sen.tir.meen.es.te.cie.lo	8
con.um.bral.de.sá.ti.roa.mo	8
in.fier.no.por.don.de.vue.lo	8

Rima:

abba, abba, cdc, cdc. Licencia.

Análisis estructural.

Las palabras.

Las palabras son hermosas
si no son pasto del fuego
de un infierno de veneno
que consume y que me arrasa.

Las palabras dan sentido
si no son vanas, vacías
retorciéndonos las vidas
que nos hiere y que nos mata.

Las palabras son ligeras
pues las empujan los vientos
que anuncian la tempestad.

Las palabras son muy gordas
pues la engorda el hielo de actos
de impura naturaleza.

———

las.pa.la.bras.son.her.mo.sas	8
si.no.son.pas.to.del.fue.go	8
deun.in.fier.no.de.ve.ne.no	8
que.con.su.mei.que.mea.rra.sa	8
las.pa.la.bras.dan.sen.ti.do	8
si.no.son.va.nas.va.cí.as	8
re.tor.cien.do.nos.las.vi.das	8
que.nos.hie.rei.que.nos.ma.ta	8
las.pa.la.bras.son.li.ge.ras	8
pues.las.em.pu.jan.los.vien.tos	8
quea.nun.cian.la.tem.pes.tad	8 = 7 + 1
las.pa.la.bras.son.muy.gor.das	8
pues.laen.gor.dael.hie.lo.deac.tos	8
deim.pu.ra.na.tu.ra.le.za	8

Rima:

abba, cdde… y licencia total.

Análisis estructural.

Atención a esta composición, pues es un caso de inicio ortodoxo que abandona en la segunda cuarteta para definir con claridad la profundidad deseada. Como he señalado al principio de esta obra, el camino de la poesía es el de la libertad, es por ello que cada vez y poco a poco el poeta desarrolla estructuras abandonado sobre todo la esclavitud de la rima, en cambio es menos habitual que abandone la métrica, como en este caso.

Brisas.

Brisas de laguna seca
que acariciáis este rostro
para el temple yo me postro
ante vos, con mi voz hueca.

El alma ronca, reseca
mi boca de pena encostro
y busco el dulce calostro
desde la ceca a la Meca.

Y es en sus labios benditos
donde bebo mis placeres
lindos, hermosos, bonitos.

Más si un día te durmieres
dormiría en ti, y a gritos
te daría mis quereres.

———————

bri.sas.de.la.gu.na.se.ca	8
quea.ca.ri.ciais.es.te.ros.tro	8
pa.rael.tem.ple.yo.me.pos.tro	8
an.te.vos.con.mi.voz.hue.ca	8
el.al.ma.ron.ca.re.se.ca	8
mi.bo.ca.de.pe.naen.cos.tro	8
i.bus.coel.dul.ce.ca.los.tro	8
des.de.la.ce.caa.la.me.ca	8
ies.en.sus.la.bios.ben.di.tos	8
don.de.be.bo.mis.pla.ce.res	8
lin.dos.her.mo.sos.bo.ni.tos	8
más.siun.dí.a.te.dur.mie.res	8
dor.mi.rí.aen.tii.a.gri.tos	8
te.da.rí.a.mis.que.re.res	8

Rima:

abba, abba, cdc, dcd.

Análisis estructural.

ARTE MAYOR

MÉTRICA 9

Eneasílabos

A vuelapluma.

Así, a vuelapluma, deprisa,
a merced de la inspiración,
sin detenerme a meditar,
sin vacilación, sin esfuerzo.

Más jincho que nalga de monja,
pálido como aquel jinete,
pues el sol me da a mí la espalda,
quieto cual gato de escayola.

Aquí, en el quicio de la puerta
en un espera que te espera
aguardo por si ella viniera.

No sé, algún día para verme,
tal vez en un día cualquiera,
mientras, aquí lloro su ausencia.

———————

a.sía.vue.la.plu.ma.de.pri.sa	9
a.mer.ced.de.lains.pi.ra.ción	9 = 8 + 1
sin.de.te.ner.mea.me.di.tar	9 = 8 + 1
sin.va.ci.la.ción.sin.es.fuer.zo	9
más.jin.cho.que.nal.ga.de.mon.ja	9
pá.li.do.co.moa.quel.ji.ne.te	9
pues.el.sol.me.daa.mí.laes.pal.da	9
quie.to.cual.ga.to.dees.ca.yo.la	9
a.quíen.el.qui.cio.de.la.puer.ta	9
en.un.es.pe.ra.que.tees.pe.ra	9
a.guar.do.por.sie.lla.vi.nie.ra	9
no.séal.gún.dí.a.pa.ra.ver.me	9
tal.vez.en.un.dí.a.cual.quie.ra	9
mien.tras.a.quí.llo.ro.suau.sen.cia	9

Rima:

Sin rima.

Análisis estructural.

Mi mente.

Mi mente es como aquel tranvía
de esos de circunvalación,
mil vueltas por la misma vía
pero sin encontrar razón.

Mi mente es como aquel tiovivo
de esos de feria de un verano,
gira para sentirse vivo
hasta que suene el pito hermano.

Mi mente es un acordeón
de esos que usan el aire y suenan
a veces dulce, otras dragón.

Mi mente obtusa como un romo,
sí, sin punta, sin comprensión,
algo lúcida, otras desplomo.

———————

mi.men.tees.co.moa.quel.tran.ví.a	9
dee.sos.de.cir.cun.va.la.ción	9 = 8 + 1
mil.vuel.tas.por.la.mis.ma.ví.a	9
pe.ro.sin.en.con.trar.ra.zón	9 = 8 + 1
mi.men.tees.co.moa.quel.tio.vi.vo	9
dee.sos.de.fe.ria.deun.ve.ra.no	9
gi.ra.pa.ra.sen.tir.se.vi.vo	9
has.ta.que.sue.neel.pi.toher.ma.no	9
mi.men.tees.un.a.cor.de.ón	9 = 8 + 1
dee.sos.queu.san.el.ai.rei.sue.nan	9
a.ve.ces.dul.ceo.tras.dra.gón	9 = 8 + 1
mi.men.teob.tu.sa.co.moun.ro.mo	9
sí.sin.pun.ta.sin.com.pren.sión	9 = 8 + 1
al.go.lú.ci.dao.tras.des.plo.mo	9

Rima:

abab, cdcd, beb, fbf

Análisis estructural.

El arte mayor se inicia versos de nueve sílabas, y solo indica el camino hacia las grandes y complejas composiciones de los más grandes poetas, sin menosprecio al arte menor, que sin duda tiene su atractivo y su encanto.

Además cabe destacar en este primer poema que hay ya indicios de abandono de la ortodoxia, pues aparecen desdibujadas ya las rimas esclavas para dar paso al concepto señalado anteriormente de la libertad poética.

Luz y tempestad.

Desapareces de mi vida
cuando tu velero navega
por aquellos mares distintos,
y siempre oculto bajo el manto...

...de ese cruel y sutil encanto,
amarrado a un puerto frágil
que se derrumba sin remedio
pues son las brisas de poniente...

...que marcan el nuevo presente,
lleno de luz y tempestad
que necesitan un patrón.

Poca chicha la de un león,
para absorber esas corrientes
de este mar tan embravecido.

———————

Métrica:

de.sa.pa.re.ces.de.mi.vi.da	9
cuan.do.tu.ve.le.ro.na.ve.ga	9
por.a.que.llos.ma.res.dis.tin.tos	9
i.siem.preo.cul.to.ba.joel.man.to	9
dee.se.cruel.i.su.til.en.can.to	9
a.ma.rra.doa.un.puer.to.frá.gil	9
que.se.de.rrum.ba.sin.re.me.dio	9
pues.son.las.bri.sas.de.po.nien.te	9
que.mar.can.el.nue.vo.pre.sen.te	9
lle.no.de.luz.i.tem.pes.tad	9 = 8 + 1
que.ne.ce.si.tan.un.pa.trón	9 = 8 + 1
po.ca.chi.cha.la.deun.le.ón	9 = 8 + 1
pa.raab.sor.ber.e.sas.co.rrien.tes	9
dees.te.mar.tan.em.bra.ve.ci.do	9

Rima:

Solo rima de enlace.

Análisis estructural.

En este caso el poeta usa una rima recurrente entre el último verso de cada cuarteto o terceto y el primero del siguiente. El final de una estrofa enlaza así con la siguiente estrofa. Solo mantiene la estructura de soneto y la métrica.

Demolición.

Ríndese el castillo de naipes
ante un hecho gravitatorio,
sustancial y definitorio
de demolición, y partícipes...

...del juego, la ruleta rusa
para desafiando a la suerte
que nos remedie de una muerte
súbita, mi querida musa...

...de aquellos mis benditos sueños,
bella dama de honor, mi amor,
pongo ahí todos mis empeños...

...y la carne en el asador,
ahí estos mis ojos risueños
para quitarte a ti el dolor.

Métrica:

rín.de.seel.cas.ti.llo.de.nai.pes	9
an.teun.he.cho.gra.vi.ta.to.rio	9
sus.tan.cial.i.de.fi.ni.to.rio	9
de.de.mo.li.ción.i.par.tí.ci.pes	9 = 10 -1
del.jue.go.la.ru.le.ta.ru.sa	9
pa.ra.de.sa.fian.doa.la.suer.te	9
que.nos.re.me.die.deu.na.muer.te	9
sú.bi.ta.mi.que.ri.da.mu.sa	9
dea.que.llos.mis.ben.di.tos.sue.ños	9
be.lla.da.ma.deho.nor.mia.mor	9 = 8 + 1
pon.goa.hí.to.dos.mis.em.pe.ños	9
i.la.car.neen.el.a.sa.dor	9 = 8 + 1
a.híes.tos.mis.o.jos.ri.sue.ños	9
pa.ra.qui.tar.tea.tiel.do.lor	9 = 8 + 1

Rima:

ABBA, ABBA, CDC, CDC.

Análisis estructural.

Atención: Vuelve aquí la ortodoxia en su máximo exponente. Es importante destacar si esa ortodoxia permite mantener el contenido fundamental del mensaje, de lo contrario sería inútil.

Léase "entre líneas", es decir, el verdadero estado de ánimo que se manifiesta.

Frágil tintero.

Brincan de este frágil tintero
tupidos negros azabaches
de aquella sangre derramada
en el papel, y por mi amada.

Barbotean bellos sentires
azules turquesa en un cielo
que quiere parecerse a ti
cuando un día me hablas a mí.

Y retozan las margaritas
despliegan esos blancos pétalos
al verte, y ese marchitar
frío las hace así temblar.

Y el vuelo de las golondrinas
para acercar la primavera
a ti, cuanto antes, amor mío
para que tú no tengas frío.

———————

Métrica:

brin.can.dees.te.fra.gil.tin.te.ro	9
tu.pi.dos.ne.gros.a.za.ba.ches	9
dea.que.lla.san.gre.de.rra.ma.da	9
en.el.pa.pel.i.por.mia.ma.da	9
bar.bo.te.an.be.llos.sen.ti.res	9
a.zu.les.tur.que.saen.un.cie.lo	9
que.quie.re.pa.re.cer.sea.ti	9 = 8 + 1
cuan.doun.dí.a.meha.blas.a.mí	9 = 8 + 1
i.re.to.zan.las.mar.ga.ri.tas	9
des.plie.gan.e.sos.blan.cos.pé.ta.los	9 = 10 -1
al.ver.tei.e.se.mar.chi.tar	9 = 8 + 1
frí.o.las.ha.cea.sí.tem.blar	9 = 8 + 1
iel.vue.lo.de.las.go.lon.dri.nas	9
pa.raa.cer.car.la.pri.ma.ve.ra	9
a.ti.cuan.toan.tes.a.mor.mí.o	9
pa.ra.que.tú.no.ten.gas.frí.o	9

Rima:

- - AA - - BB - - CC - - DD

Análisis estructural.

Obsérvese en esta composición de nuevo el carácter de libertad a la hora de la rima diríamos que casual o recurrente en los dos últimos versos de cada estrofa. El resto son versos blancos necesarios para fraguar la idea de su contenido.

Mirando al frente.

Pasan aquellas blancas noches
por el rescoldo de tu orilla,
de una auténtica maravilla,
pasan aquellas blancas noches.

Taciturnas frases, derroches
de silencio que no me pilla
porque más ancha que Castilla
son esos injustos reproches.

Pues recostado en tu mirada
miro hacia el norte, y persistente,
pues ya no me importa más nada...

...que lo que me da este presente,
el amor de mi bien amada,
y así sigo mirando al frente.

———————

Métrica:

pa.san.a.que.llas.blan.cas.no.ches	9
por.el.res.col.do.de.tuo.ri.lla	9
deu.naau.tén.ti.ca.ma.ra.vi.lla	9
pa.san.a.que.llas.blan.cas.no.ches	9
ta.ci.tur.nas.fra.ses.de.rro.ches	9
de.si.len.cio.que.no.me.pi.lla	9
por.que.más.an.cha.que.cas.ti.lla	9
son.e.sos.in.jus.tos.re.pro.ches	9
pues.re.cos.ta.doen.tu.mi.ra.da	9
mi.roha.ciael.nor.tei.per.sis.ten.te	9
pues.ya.no.meim.por.ta.más.na.da	9
que.lo.que.me.daes.te.pre.sen.te	9
el.a.mor.de.mi.bien.a.ma.da	9
ia.sí.si.go.mi.ran.doal.fren.te	9

Rima:

ABBA ABBA CDC DCD (licencia)

Análisis estructural.

No es casual, el poeta intenta mantener los parámetros estructurales del soneto, sin embargo el último terceto, como queriendo ser caprichoso o incluso rebelde, adopta ese DCD, licencia.

103

Echar raíces.

Remontes, laderas, colinas,
y en aquel placentero valle
buscando los trozos de vida,
donde allí al cabo de la calle.

La princesa de cuna y casta
calzada con botas camperas
que trepa, galopa, navega
hasta encontrar esas quimeras.

Suelo firme en un cantizal
donde forjar unos cimientos,
terreno, o parcela ideal.

El paraje de esos de cuentos
en el que poder al final
echar raíz los sentimientos.

———————

Métrica:

re.mon.tes.la.de.ras.co.li.nas	9
ien.a.quel.pla.cen.te.ro.va.lle	9
bus.can.do.los.tro.zos.de.vi.da	9
don.dea.llíal.ca.bo.de.la.ca.lle	9
la.prin.ce.sa.de.cu.nai.cas.ta	9
cal.za.da.con.bo.tas.cam.pe.ras	9
que.tre.pa.ga.lo.pa.na.ve.ga	9
has.taen.con.trar.e.sas.qui.me.ras	9
sue.lo.fir.meen.un.can.ti.zal	9 = 8 + 1
don.de.for.jar.u.nos.ci.mien.tos	9
te.rre.noo.par.ce.lai.de.al	9 = 8 + 1
el.pa.ra.je.dee.sos.de.cuen.tos	9
en.el.que.po.der.al.fi.nal	9 = 8 + 1
e.char.ra.íz.los.sen.ti.mien.tos	9

Rima:

---- ---- ABA, BAB.

Análisis estructural.

MÉTRICA 10

Decasílabos

Nada se pide.

La elasticidad tras un impulso
de aquello que es contrapuesto impide
dar nada, cuando nada se pide,
es retarse a sí mismo en un pulso.

Pues en un mundo cruel y convulso
lo fraternal está en quien lo anide
en su corazón, que lo decide,
y es así como se da un impulso...

...que surge, que regenera y cura
a las almas heridas de muerte,
lo demás es como una locura.

No se puede dejar a la suerte
lo que es de la certera cordura,
decidir querer, o no quererte.

———————

Métrica:

lae.las.ti.ci.dad.tras.un.im.pul.so	10
dea.que.llo.quees.con.tra.pues.toim.pi.de	10
dar.na.da.cuan.do.na.da.se.pi.de	10
es.re.tar.sea.sí.mis.moen.un.pul.so	10
pues.en.un.mun.do.cruel.i.con.vul.so	10
lo.fra.ter.nal.es.táen.quien.loa.ni.de	10
en.su.co.ra.zón.que.lo.de.ci.de	10
ies.a.sí.co.mo.se.daun.im.pul.so	10
que.sur.ge.que.re.ge.ne.rai.cu.ra	10
a.las.al.mas.he.ri.das.de.muer.te	10
lo.de.más.es.co.mou.na.lo.cu.ra	10
no.se.pue.de.de.jar.a.la.suer.te	10
lo.quees.de.la.cer.te.ra.cor.du.ra	10
de.ci.dir.que.rer.o.no.que.rer.te	10

Rima:
ABBA ABBA CDC DCD
Análisis estructural.

Destáquese siempre cuando el poeta mantiene estructuras rígidas. Véase rima y métrica.

Locura por amarte.

Saberte navegar por los mares
me eleva a espacios, donde el alma
se me inunda de paz, y los males
son menos males, por esa calma...

...que inspira tu empaque, ese tu porte
ingente imagen de una ternura,
pues nada hay más que me a mí transporte
a mi mundo, ese de la locura.

Locura por amarte, acogerte
aquí entre estos mis brazos ardientes,
y quererte, gozarte, abrazarte.

En aquel futuro y los presentes
en el pasar la vida, adorarte
y que seamos así conscientes.

———————

Métrica:

sa.ber.te.na.ve.gar.por.los.ma.res	10
mee.le.vaa.es.pa.cios.don.deel.al.ma	10
se.mei.nun.da.de.paz.i.los.ma.les	10
son.me.nos.ma.les.por.e.sa.cal.ma	10
queins.pi.ra.tuem.pa.quee.se.tu.por.te	10
in.gen.tei.má.gen.deu.na.ter.nu.ra	10
pues.na.dahay.más.que.mea.mí.trans.por.te	10
a.mi.mun.doe.se.de.la.lo.cu.ra	10
lo.cu.ra.por.a.mar.tea.co.ger.te	10
a.quíen.trees.tos.mis.bra.zos.ar.dien.tes	10
i.que.rer.te.go.zar.tea.bra.zar.te	10
en.a.quel.fu.tu.roi.los.pre.sen.tes	10
en.el.pa.sar.la.vi.daa.do.rar.te	10
i.que.se.a.mos.a.sí.cons.cien.tes	10

Rima:

ABAB, CDCD, EFE, FEF.

Análisis estructural.

Es probable que pocos se hayan dado cuenta del carácter del poeta casi de forma exclusiva la rima consonante, sin embargo, obsérvese en este caso la aparición de rima asonante en los dos cuartetos.

El resto del análisis lo dejo para el analista…

Ahí...

Ahí, donde vestidas de verde
lucen hoy esas tierras lozanas
para acoger manos artesanas
dispuestas a que todo concuerde.

Ahí, donde el desmonte algún día
la cuna de una vida, de hogar
para conjugar el verbo amar,
así el talento la construiría.

Y la cordura y la sensatez,
el tenaz ingenio y el acierto
sellarán algún sueño tal vez.

Aquel edén con techo cubierto,
esa acogedora calidez,
ese paraíso a cielo abierto.

———————

Métrica:

a.hí.don.de.ves.ti.das.de.ver.de	10
lu.cen.hoy.e.sas.tie.rras.lo.za.nas	10
pa.raa.co.ger.ma.nos.ar.te.sa.nas	10
dis.pues.tas.a.que.to.do.con.cuer.de	10
a.hí.don.deel.des.mon.teal.gún.dí.a	10
la.cu.na.deu.na.vi.da.deho.gar	10 = 9 + 1
pa.ra.con.ju.gar.el.ver.boa.mar	10 = 9 + 1
a.síel.ta.len.to.la.cons.trui.rí.a	10
i.la.cor.du.rai.la.sen.sa.tez	10 = 9 + 1
el.te.naz.in.ge.nioi.el.a.cier.to	10
se.lla.rán.al.gún.sue.ño.tal.vez	10 = 9 + 1
a.quel.e.dén.con.te.cho.cu.bier.to	10
e.saa.co.ger.do.ra.ca.li.dez	10 = 9 + 1
e.se.pa.ra.í.soa.cie.loa.bier.to	10

Rima:

ABBA, CDDC, EFE, FEF.

Análisis estructural.

Aquella Princesa.

Mi vida es ese valle de lágrimas
que seca el pañuelo de tu amor,
extinguiéndose mi dolor,
dulces esas mis penas, legítimas.

Que calmas con esas bellas pócimas,
palabras que tal que un borrador
rompen las citas del sinsabor
susurrándome a mí al oído, íntimas...

...insinuaciones con tu mirada,
dulce caramelo, esos tus labios,
mi pasión, mi querida, mi amada.

Princesa de los quereres sabios,
cuando ya no se quiere más nada
que el sello de esos tus pintalabios.

———————

Métrica:

mi.vi.daes.e.se.va.lle.de.lá.gri.mas	10 = 11 -1
que.se.cael.pa.ñue.lo.de.tua.mor	10 = 9 + 1
ex.tin.gui.én.do.se.mi.do.lor	10 = 9 + 1
dul.ces.e.sas.mis.pe.nas.le.gí.ti.mas	10 = 11 -1
que.cal.mas.con.e.sas.be.llas.pó.ci.mas	10 = 11 -1
pa.la.bras.que.tal.queun.bo.rra.dor	10 = 9 + 1
rom.pen.las.ci.tas.del.sin.sa.bor	10 = 9 + 1
su.su.rrán.do.mea.míal.o.í.doín.ti.mas	10 = 11 -1
in.si.nua.cio.nes.con.tu.mi.ra.da	10
dul.ce.ca.ra.me.loe.sos.tus.la.bios	10
mi.pa.sión.mi.que.ri.da.mia.ma.da	10
prin.ce.sa.de.los.que.re.res.sa.bios	10
cuan.do.ya.no.se.quie.re.más.na.da	10
queel.se.llo.dee.sos.tus.pins.ta.la.bios	10

Rima:

ABBA, ABBA, CDC, DCD

Análisis estructural.

Conjunción copulativa.

No a la conjunción copulativa,
la copa del cáliz, santo grial
portador de un proceso gripal,
asfixiante lazo que cautiva.

Acoso cruel, sin prerrogativa,
promesa encendida del un mal
de altura, ese maldito rival,
amenaza de una negativa.

Rompo vallas de seguridad,
me adentro en la jungla, pertinaz
anhelo de encontrar la verdad.

Avanzo por camino sagaz,
en busca de ansiada libertad
con la esperanza de ser capaz.

———————

Métrica:

noa.la.con.jun.ción.co.pu.la.ti.va	10
la.co.pa.del.cá.liz.san.to.grial	10 = 9 + 1
por.ta.dor.deun.pro.ce.so.gri.pal	10 = 9 + 1
as.fi.xian.te.la.zo.que.cau.ti.va	10
a.co.so.cruel.sin.pre.rro.ga.ti.va	10
pro.me.saen.cen.di.da.del.un.mal	10 = 9 + 1
deal.tu.rae.se.mal.di.to.ri.val	10 = 9 + 1
a.me.na.za.deu.na.ne.ga.ti.va	10
rom.po.va.llas.de.se.gu.ri.dad	10 = 9 + 1
mea.den.troen.la.jun.gla.per.ti.naz	10 = 9 + 1
an.he.lo.deen.con.trar.la.ver.dad	10 = 9 + 1
a.van.zo.por.ca.mi.no.sa.gaz	10 = 9 + 1
en.bus.ca.dean.sia.da.li.ber.tad	10 = 9 + 1
con.laes.pe.ran.za.de.ser.ca.paz	10 = 9 + 1

Rima:

ABBA, ABBA, CDC, DCD.

Análisis estructural.

Quince balas.

Quince balas en el cargador,
y quince crisantemos que atentan
a mi frágil esencia, lo intentan,
pócima, veneno cazador.

Inquietante duelo abrasador,
flores secas de poleo menta
y polvos, lodos de una tormenta,
avezada cura ante el dolor.

Un poema triste en la recámara,
enmarañado rumbo, tragedia,
un escenario de una obra pícara.

Un temor, esa ansiedad que asedia,
la burla, el chasquido, la chachara,
en la cruda escena de comedia.

———————

Métrica:

quin.ce.ba.las.en.el.car.ga.dor	10 = 9 + 1
i.quin.ce.cri.san.te.mos.quea.ten.tan	10
a.mi.frá.gil.e.sen.cia.loin.ten.tan	10
pó.ci.ma.ve.ne.no.ca.za.dor	10 = 9 + 1
in.quie.tan.te.due.loa.bra.sa.dor	10 = 9 + 1
flo.res.se.cas.de.po.le.o.men.ta	10
i.pol.vos.lo.dos.deu.na.tor.men.ta	10
a.ve.za.da.cu.raan.teel.do.lor	10 = 9 + 1
un.po.e.ma.tris.teen.la.re.cá.ma.ra	10 = 11 -1
en.ma.ra.ña.do.rum.bo.tra.ge.dia	10
un.es.ce.na.rio.deu.nao.bra.pí.ca.ra	10 = 11 -1
un.te.mor.e.saan.sie.dad.quea.se.dia	10
la.bur.lael.chas.qui.do.la.cha.cha.ra	10
en.la.cru.daes.ce.na.de.co.me.dia	10

Rima:

ABBA, ABBA, CDC, DCD.

Análisis estructural.

Renovada ilusión.

Invertir las fuerzas en amarte
es el poner una pica en Flandes,
seguir tus pasos allá donde andes
para poder llegar a encontrarte.

Renovada la ilusión con arte
de mi pluma par lo que tú mandes
y mientras mi fantasía expandes
para nombrarte, por cortejarte.

Paloma de mi paz y mis días
que tan solo de un soplo me apartas
la soledad, y mis alegrías...

...brillan para ti al recibir cartas
que tus ojos escriben, rocías
mi corazón de amor al que infartas.

———

Métrica:

in.ver.tir.las.fuer.zas.en.a.mar.te	10
es.el.po.ner.u.na.pi.caen.flan.des	10
se.guir.tus.pa.sos.a.llá.don.dean.des	10
pa.ra.po.der.lle.gar.aen.con.trar.te	10
re.no.va.da.lai.lu.sión.con.ar.te	10
de.mi.plu.ma.par.lo.que.tú.man.des	10
i.mien.tras.mi.fan.ta.sí.aex.pan.des	10
pa.ra.nom.brar.te.por.cor.te.jar.te	10
pa.lo.ma.de.mi.paz.i.mis.dí.as	10
que.tan.so.lo.deun.so.plo.mea.par.tas	10
la.so.le.dad.i.mis.a.le.grí.as	10
bri.llan.pa.ra.tial.re.ci.bir.car.tas	10
que.tus.o.jos.es.cri.ben.ro.cí.as	10
mi.co.ra.zón.dea.mor.al.quein.far.tas	10

Rima:

ABBA, ABBA, CDC, DCD.

Análisis estructural.

Alas mojadas.

La sórdida voz callada, ausente
del ruiseñor herido de muerte
es el silencio del alma inerte
que grita desesperadamente.

Pues lo que hay tener siempre presente
un cielo abierto a la luz advierte,
que creer que en infierno despierte
ya es algo del todo incoherente.

Las alas mojadas del poeta
luchan en la arena del desierto
donde su alma permanece inquieta.

Lame este dulce veneno, muerto,
más, siempre presto a cumplir la dieta
frente a un futuro tan incierto.

———

Métrica:

la.sór.di.da.voz.ca.lla.daau.sen.te	10
del.rui.se.ñor.he.ri.do.de.muer.te	10
es.el.si.len.cio.del.al.main.her.te	10
que.gri.ta.de.ses.pe.ra.da.men.te	10
pues.lo.quehay.te.ner.siem.pre.pre.sen.te	10
un.cie.loa.bier.toa.la.luz.ad.vier.te	10
que.cre.er.queen.in.fier.no.des.pier.te	10
yaes.al.go.del.to.doin.co.he.ren.te	10
las.a.las.mo.ja.das.del.po.e.ta	10
lu.chan.en.laa.re.na.del.de.sier.to	10
don.de.sual.ma.per.ma.ne.cein.quie.ta	10
la.mees.te.dul.ce.ve.ne.no.muer.to	10
más.siem.pre.pres.toa.cum.plir.la.die.ta	10
fren.tea.un.fu.tu.ro.tan.in.cier.to	10

Rima:

ABBA, ABBA, CDC, DCD.

Análisis estructural.

MÉTRICA 11

Endecasílabos

Ciencia y sueños

La ciencia rinde sus armas al sueño
alojando en redes sutil encanto
de arquitectura firme, tal que un canto
técnica inundada por el ensueño.

Cábalas, cálculos que te hacen dueño
seria estructura del cómo y el cuándo,
pero sin duda un lugar sacrosanto,
el resultado, un destino halagüeño.

Vestidos de bello arte hormigonado
pulido, armado, con base de acero,
de sagaz nuevo ingenio apasionado.

Passive Habitat, es siempre el primero
en sentirse feliz, emocionado,
lograr construir un lugar placentero.

———————

Métrica:

la.cien.cia.rin.de.sus.ar.mas.al.sue.ño	11
a.lo.jan.doen.re.des.su.til.en.can.to	11
dear.qui.tec.tu.ra.fir.me.tal.queun.can.to	11
téc.ni.cai.nun.da.da.por.el.en.sue.ño	11
cá.ba.las.cál.cu.los.que.teha.cen.due.ño	11
se.riaes.truc.tu.ra.del.có.moi.el.cuán.do	11
pe.ro.sin.du.daun.lu.gar.sa.cro.san.to	11
el.re.sul.ta.doun.des.ti.noha.la.güe.ño	11
ves.ti.dos.de.be.lloar.tehor.mi.go.na.do	11
pu.li.doar.ma.do.con.ba.se.dea.ce.ro	11
de.sa.gaz.nue.voin.ge.nioa.pa.sio.na.do	11
pas.si.veha.bi.tat.es.siem.preel.pri.me.ro	11
en.sen.tir.se.fe.liz.e.mo.cio.na.do	11
lo.grar.cons.truir.un.lu.gar.pla.cen.te.ro	11

Rima:

ABBA, ABBA, CDC, DCd.

Análisis estructural.

El endecasílabo es la métrica por excelencia de los grandes poetas, y por eso intento mantener un cierto grado de rigidez en la rima en este apartado. Sin embargo enseguida veremos desarrollarse la libertad como arma y razón del contenido de los mensajes.

Amor maduro.

Se acurrucan las palomas torcaces
al amparo del fugaz sol de invierno
como busco refugio en tu mirada
serena y dulce en este duro infierno.

El sutil candor que resuena en mi alma
con rayos de luz destellante y blanca
como pálida inquietud que cual lapa
ceñida a mis entrañas cual palanca.

Suaves brisas, fulgor de la esperanza
de la mañana que espera impaciente
lejos de lo imposible, lo impasible
cerca, más cerca, como algo incipiente.

Nace la ensoñación, un horizonte
que abriga y nos empuja hacia el futuro,
valle de grandeza de lo más grande,
nuestro paraíso de amor maduro.

———————

Métrica:

sea.cu.rru.can.las.pa.lo.mas.tor.ca.ces	11
al.am.pa.ro.del.fu.gaz.sol.dein.vier.no	11
co.mo.bus.co.re.fu.gioen.tu.mi.ra.da	11
se.re.nai.dul.ceen.es.te.du.roin.fier.no	11
el.su.til.can.dor.que.re.sue.naen.mial.ma	11
con.ra.yos.de.luz.des.te.llan.tei.blan.ca	11
co.mo.pá.li.dain.quie.tud.que.cual.la.pa	11
ce.ñi.daa.mis.en.tra.ñas.cual.pa.lan.ca	11
sua.ves.bri.sas.ful.gor.de.laes.pe.ran.za	11
de.la.ma.ña.na.quees.pe.raim.pa.cien.te	11
le.jos.de.loim.po.si.ble.loim.pa.si.ble	11
cer.ca.más.cer.ca.co.moal.goin.ci.pien.te	11
na.ce.laen.so.ña.ción.un.ho.ri.zon.te	11
quea.bri.gai.nos.em.pu.jaha.ciael.fu.tu.ro	11
va.lle.de.gran.de.za.de.lo.más.gran.de	11
nues.tro.pa.ra.í.so.dea.mor.ma.du.ro	11

Rima:

-A-A, -B-B, -C-C, -D-D.

Análisis estructural.

Formas.

Si alguna arquitectura me seduce
es la de tus esculturales formas,
lejos de todas las pautas y normas,
pero es eso lo que a mí me conduce...

...a esa esperada inspiración poética
más allá del bien, y del mal de altura,
retozar por esa bella estructura,
patria y bandera del rigor y la ética...

...escultura fiel, sagaz testimonio
de tu hermosa brillantez, de mujer
ángel de la guarda de este demonio...

...rendido a los encantos del querer,
de este extraordinario matrimonio
que nunca se resignará a perder.

———————

sial.gu.naar.qui.tec.tu.ra.me.se.du.ce	11
es.la.de.tus.es.cul.tu.ra.les.for.mas	11
le.jos.de.to.das.las.pau.tas.i.nor.mas	11
pe.roes.e.so.lo.quea.mí.me.con.du.ce	11
ae.saes.pe.ra.dains.pi.ra.ción.po.é.ti.ca	11 = 12 -1
más.a.llá.del.bien.i.del.mal.deal.tu.ra	11
re.to.zar.por.e.sa.be.llaes.truc.tu.ra	11
pa.triai.ban.de.ra.del.ri.gor.i.laé.ti.ca	11 = 12 -1
es.cul.tu.ra.fiel.sa.gaz.tes.ti.mo.nio	11
de.tuher.mo.sa.bri.llan.tez.de.mu.jer	11 = 10 + 1
án.gel.de.la.guar.da.dees.te.de.mo.nio	11
ren.di.doa.los.en.can.tos.del.que.rer	11 = 10 + 1
dees.teex.tra.or.di.na.rio.ma.tri.mo.nio	11
que.nun.ca.se.re.sig.na.ráa.per.der	11 = 10 + 1

Rima:

ABBA, CDDC, EFE, FEF.

Análisis estructural.

La cima de un edén.

La cima de un edén, una belleza
que le entrega a ese mar su esplendor
que la técnica ensambla al resplandor
con los rasgos puros de sutileza.

Milagros creados de esa pureza,
suave elevación, firme elevador
hacia el cielo del alba encantador,
el arco iris que anuncia la grandeza.

Amalgama de la tonalidad
confluyente en el bello frescor blanco
filtro de la espaciosa intimidad.

Hermoso palacete, hogar de amor
de los príncipes, reyes y deidades
en cuna de un macizo de rigor.

Métrica:

la.ci.ma.deun.e.dén.u.na.be.lle.za	11
que.leen.tre.gaa.e.se.mar.sues.plen.dor	11 = 10 + 1
que.la.téc.ni.caen.sam.blaal.res.plan.dor	11 = 10 + 1
con.los.ras.gos.pu.ros.de.su.ti.le.za	11
mi.la.gros.cre.a.dos.dee.sa.pu.re.za	11
sua.vee.le.va.ción.fir.mee.le.va.dor	11 = 10 + 1
ha.ciael.cie.lo.del.al.baen.can.ta.dor	11 = 10 + 1
el.ar.coi.ris.quea.nun.cia.la.gran.de.za	11
a.mal.ga.ma.de.la.to.na.li.dad	11 = 10 + 1
con.flu.yen.teen.el.be.llo.fres.cor.blan.co	11
fil.tro.de.laes.pa.cio.sain.ti.mi.dad	11 = 10 + 1
her.mo.so.pa.la.ce.teho.gar.dea.mor	11 = 10 + 1
de.los.prín.ci.pes.re.yes.i.dei.da.des	11
en.cu.na.deun.ma.ci.zo.de.ri.gor	11 = 10 + 1

Rima:

ABBA, ABBA, CDC, EFE.

Análisis estructural.

Un color.

Si tuviese que elegir un color
sin duda sería el del mar, añil
y un día ser yo el hábil albañil
que construyese en un cielo tu amor…

…la serenata nocturna, un candor
que con su luz alumbra un mes de abril,
que durará cien años y por mil
con toda la dulzura y esplendor.

Siento en mí el sonido de tu mirada,
el vibrar del color de tus palabras,
el contorno de una piel bronceada…

…sol artificio que dora, y no labra
surcos abrasantes, querida, amada,
tu seda blanquecina aunque macabra.

———

Métrica:

si.tu.vie.se.quee.le.gir.un.co.lor	11 = 10 + 1
sin.du.da.se.rí.ael.del.mar.a.ñil	11 = 10 + 1
iun.dí.a.ser.yoel.há.bil.al.ba.ñil	11 = 10 + 1
que.cons.tru.ye.seen.un.cie.lo.tua.mor	11 = 10 + 1
la.se.re.na.ta.noc.tur.naun.can.dor	11 = 10 + 1
que.con.su.luz.a.lum.braun.mes.dea.bril	11 = 10 + 1
que.du.ra.rá.cien.a.ños.i.por.mil	11 = 10 + 1
con.to.da.la.dul.zu.rai.es.plen.dor	11 = 10 + 1
sien.toen.míel.so.ni.do.de.tu.mi.ra.da	11
el.vi.brar.del.co.lor.de.tus.pa.la.bras	11
el.con.tor.no.deu.na.piel.bron.ce.a.da	11
sol.ar.ti.fi.cio.que.do.rai.no.la.bra	11
sur.cos.a.bra.san.tes.que.ri.daa.ma.da	11
tu.se.da.blan.que.ci.naaun.que.ma.ca.bra	11

Rima:

ABBA ABBA CDC DCD

Análisis estructural.

Goya.

Inspirador de la innovación plena,
trazos, ensamblaje de cualquier joya,
aragonés, fiel premisa, el gran Goya,
augurio de una sutileza llena.

Insigne tu obra y singular que aliena
un dios devorador, guerra de Troya,
una corte de un rey que en ti se apoya,
los pinceles que curan cualquier pena.

Naturaleza viva, y cobra vida
en tus manos benditas y sagradas
por la humanidad ansiosa y querida.

De las bellas artes y consagradas
a la perpetuidad y la pleitesía,
a las formas y al pan de cada día.

———

Métrica:

ins.pi.ra.dor.de.lain.no.va.ción.ple.na	11
tra.zos.en.sam.bla.je.de.cual.quier.jo.ya	11
a.ra.go.nés.fiel.pre.mi.sael.gran.go.ya	11
au.gu.rio.deu.na.su.ti.le.za.lle.na	11
in.sig.ne.tuo.brai.sin.gu.lar.quea.lie.na	11
un.dios.de.vo.ra.dor.gue.rra.de.tro.ya	11
u.na.cor.te.deun.rey.queen.ti.sea.po.ya	11
los.pin.ce.les.que.cu.ran.cual.quier.pe.na	11
na.tu.ra.le.za.vi.vai.co.bra.vi.da	11
en.tus.ma.nos.ben.di.tas.i.sa.gra.das	11
por.lahu.ma.ni.dad.an.sio.sai.que.ri.da	11
de.las.be.llas.ar.tes.i.con.sa.gra.das	11
a.la.per.pe.tui.dad.i.la.plei.te.sia	11
a.las.for.mas.ial.pan.de.ca.da.dí.a	11

Rima:

ABBA, ABBA, CDC, DCD.

Análisis estructural.

Rumbos.

Tibias y cálidas sábanas blancas,
desnudo el atardecer de un verano
que nunca existirá por el profano
y cruel sacrificio de las barrancas...

...y los pantanos que ciegan con lodo
ausentes de aquello que pudo ser
y no fue, por lo de ser o no ser,
para aglutinar en la nada un todo.

Somos aves hacia la libertad
como alondras que buscan en el cielo
el rumbo que les lleve a la verdad.

Somos pasto del destino labrado,
el verso a verso, paso a paso, y firmes
contrastes de lo que ya fue augurado.

———————

Métrica:

ti.bias.i.cá.li.das.sá.ba.nas.blan.cas	11
des.nu.doel.a.tar.de.cer.deun.ve.ra.no	11
que.nun.cae.xis.ti.rá.por.el.pro.fa.no	11
i.cruel.sa.cri.fi.cio.de.las.ba.rran.cas	11
i.los.pan.ta.nos.que.cie.gan.con.lo.do	11
au.sen.tes.dea.que.llo.que.pu.do.ser	11 = 10 + 1
i.no.fue.por.lo.de.ser.o.no.ser	11 = 10 + 1
pa.raa.glu.ti.nar.en.la.na.daun.to.do	11
so.mos.a.ves.ha.cia.la.li.ber.tad	11 = 10 + 1
co.moa.lon.dras.que.bus.can.en.el.cie.lo	11
el.rum.bo.que.les.lle.vea.la.ver.dad	11 = 10 + 1
so.mos.pas.to.del.des.ti.no.la.bra.do	11
el.ver.soa.ver.so.pa.soa.pa.soi.fir.mes	11
con.tras.tes.de.lo.que.ya.fueau.gu.ra.do	11

Rima:

ABBA, CDDC, EFE, GHG.

Análisis estructural.

Vacío.

Vacío como este parque sin niños,
ni la alegría que calme esta sed,
pues ni tú, ni ese ni aquel, no es usted
quién puede aderezar mis aliños.

Solo con la sal de mi corazón
es la que me mantiene vivo en muerte,
con el alma que ahora está aquí inherte
por la pérdida de una sinrazón.

Sigo mi ruta viajera y aumento
valores en alza de mis pasiones,
y el dulce recuerdo de aquel talento.

Expreso, aludido, como mi amor
que no se funde pues no existe un fuego
capaz de deshacerlo, mi primor.

———————————

va.cí.o.co.moes.te.par.que.sin.ni.ños   11
ni.laa.le.grí.a.que.cal.mees.ta.sed   11 = 10 + 1
pues.ni.tú.nie.se.nia.quel.noes.us.ted   11 = 10 + 1
qui.én.pue.dea.de.re.zar.mis.a.li.ños   11

so.lo.con.la.sal.de.mi.co.ra.zón   11 = 10 + 1
es.la.que.me.man.tie.ne.vi.voen.muer.te   11
con.el.al.ma.quea.ho.raes.táa.quíin.er.te   11
por.la.pér.di.da.deu.na.sin.ra.zón   11 = 10 + 1

si.go.mi.ru.ta.via.je.rai.au.men.to   11
va.lo.res.en.al.za.de.mis.pa.sio.nes   11
iel.dul.ce.re.cuer.do.dea.quel.ta.len.to   11

ex.pre.soa.lu.di.do.co.mo.mia.mor   11 = 10 + 1
que.no.se.fun.de.pues.noe.xis.teun.fue.go11
ca.paz.de.des.ha.cer.lo.mi.pri.mor   11 = 10 + 1

Rima:

ABBA, CDDC, EFE, GHG (licencia)

Análisis estructural.

Retozar, remar, volar…

Retozar en las espinosas olas
de este mar rosado de tu regazo
es como tener de tu alma un pedazo
y el sutil canto de las caracolas.

Que imitan la voz de las amapolas
en las mis escrituras, en los trazos
que me unen a mi amada, y esos lazos
si sin su dulce amor me siento a solas.

Remar, volar por ese mar adentro
inundado de bellos sentimientos
y en tu corazón, ahí tal que dentro.

Buceo, nado libre de los vientos,
es entonces cuando mejor me encuentro,
en mi jardín, la flor de mis alientos.

———

Métrica:

re.to.zar.en.las.es.pi.no.sas.o.las	11
dees.te.mar.ro.sa.do.de.tu.re.ga.zo	11
es.co.mo.te.ner.de.tual.maun.pe.da.zo	11
iel.su.til.can.to.de.las.ca.ra.co.las	11
quei.mi.tan.la.voz.de.las.a.ma.po.las	11
en.las.mis.es.cri.tu.ras.en.los.tra.zos	11
que.meu.nen.a.mia.ma.dai.e.sos.la.zos	11
si.sin.su.dul.cea.mor.me.sien.toa.so.las	11
re.mar.vo.lar.por.e.se.mar.a.den.tro	11
i.nun.da.do.de.be.llos.sen.ti.mien.tos	11
ien.tu.co.ra.zón.a.hí.tal.que.den.tro	11
bu.ce.o.na.do.li.bre.de.los.vien.tos	11
es.en.ton.ces.cuan.do.me.jor.meen.cuen.tro	11
en.mi.jar.dín.la.flor.de.mis.a.lien.tos	11

Rima:

ABBA, ABBA, CDC, DCD.

Análisis estructural.

Arrepentimiento.

No sabría componer un poema,
ni una bella canción que se aproxime
a ese dulzor de tu mirada... dime...
y qué se puede hacer... es un dilema.

Fotogramas y ese miedo a vivir
emociones pérdidas en el tiempo
que se liberan pero a contratiempo,
risas y rosas por querer latir...

...de nuevo los corazones ardientes
de amor, hartos de aquel sexo de horror,
demoledor acto sin precedentes.

Pero ¿Quién piensa en eso hoy... amor?
No, no, no, mi amor... ¿Por qué te arrepientes?
así cómo yo lo hago... mi primor.

———

no.sa.brí.a.com.po.ner.un.po.e.ma	11
niu.na.be.lla.can.ción.que.sea.pro.xi.me	11
ae.se.dul.zor.de.tu.mi.ra.da.di.me	11
i.qué.se.pue.deha.cer.es.un.di.le.ma	11
fo.to.gra.mas.ie.se.mie.doa.vi.vir	11 = 10 + 1
e.mo.cio.nes.pér.di.das.en.el.tiem.po	11
que.se.li.be.ran.pe.roa.con.tra.tiem.po	11
ri.sas.i.ro.sas.por.que.rer.la.tir	11 = 10 + 1
de.nue.vo.los.co.ra.zo.nes.ar.dien.tes	11
dea.mor.har.tos.dea.quel.se.xo.con.ve.xo	11
de.mo.le.dor.ac.to.sin.pro.ce.den.tes	11
pe.ro.qui.én.pien.saen.e.sohoy.a.mor	11 = 10 + 1
no.no.no.mia.mor.por.qué.tea.rre.pien.tes	11
a.sí.có.mo.yo.loha.go.mi.pri.mor	11 = 10 + 1

Rima:

ABBA, CDDC, EFE, FEF.

Análisis estructural

MÉTRICA 12

Dodecasílabos

Exuberante verdor.

Se confunde el exuberante verdor
de aquella incipiente yedra trepadora
penetrante calidez revestidora
del tronco de un pino al que le da esplendor.

Y se asoman a la luz de su candor
las humildes amapolas soñadoras,
que un día quisieran ser las portadoras
de la más radiante primavera en flor.

Envidiosas las margaritas se asoman
al espectáculo, la naturaleza
viva de la fugaz luz cuando el sol toman.

Y para endulzar su brillo la maleza,
los hermafroditas geranios entonan
el canto que conjugará la belleza.

———————

Métrica:

se.con.fun.deel.e.xu.be.ran.te.ver.dor	12 = 11 + 1
dea.que.llain.ci.pien.te.ye.dra.tre.pa.do.ra	12
pe.ne.tran.te.ca.li.dez.re.ves.ti.do.ra	12
del.tron.co.deun.pi.noal.que.le.daes.plen.dor	12 = 11 + 1
i.sea.so.man.a.la.luz.de.su.can.dor	12 = 11 + 1
las.hu.mil.des.a.ma.po.las.so.ña.do.ras	12
queun.dí.a.qui.sie.ran.ser.las.por.ta.do.ras	12
de.la.más.ra.dian.te.pri.ma.ve.raen.flor	12 = 11 + 1
en.vi.dio.sas.las.mar.ga.ri.tas.sea.so.man	12
al.es.pec.tá.cu.lo.la.na.tu.ra.le.za	12
vi.va.de.la.fu.gaz.luz.cuan.doel.sol.to.man	12
i.pa.raen.dul.zar.su.bri.llo.la.ma.le.za	12
los.her.ma.fro.di.tas.ge.ra.nios.en.to.nan	12
el.can.to.que.con.ju.ga.rá.la.be.lle.za	12

Rima:

ABBA, ABBA, CDC, DCD.

Análisis estructural.

Flujos de libertad.

Desbordantes flujos de una libertad
más impuesta que deseada, teñido
el cielo de gris tono sobrevenido
por la distancia afín a la soledad.

Burbujeantes llamas de una piedad
más sostenida que querida, y ungido
el corazón y en la amargura caído
por la ausencia amiga de la vanidad.

Vanos esfuerzos, que producen los llantos
en el alma mía, cuando miro el día
sin saber el porqué, ni cómo, ni cuántos.

Pasarán por más sin ninguna alegría
pues contando, yo me desconté en los cuartos
en que el corazón a trozos se partía.

———————

Métrica:

des.bor.dan.tes.flu.jos.deu.na.li.ber.tad	12 = 11 + 1
más.im.pues.ta.que.de.se.a.da.te.ñi.do	12
el.cie.lo.de.gris.to.no.so.bre.ve.ni.do	12
por.la.dis.tan.ciaa.fin.de.la.so.le.dad	12 = 11 + 1
bur.bu.je.an.tes.lla.mas.deu.na.pie.dad	12 = 11 + 1
más.sos.te.ni.da.que.que.ri.dai.un.gi.do	12
el.co.ra.zón.ien.laa.mar.gu.ra.ca.í.do	12
por.laau.sen.ciaa.mi.ga.de.la.va.ni.dad	12 = 11 + 1
va.nos.es.fuer.zos.que.pro.du.cen.los.llan.tos	12
en.el.al.ma.mí.a.cuan.do.mi.roel.dí.a	12
sin.sa.ber.el.por.qué.ni.có.mo.ni.cuán.tos	12
pa.sa.rán.por.más.sin.ni.gu.naa.le.grí.a	12
pues.con.tan.do.yo.me.des.con.téen.los.cuar.tos	12
en.queel.co.ra.zón.a.tro.zos.se.par.tí.a	12

Rima:

ABBA, ABBA, CDC, DCD.

Análisis estructural.

Fatal veneno.

Ruidoso es este castañeteo alado,
de la guardia y la custodia de un silencio
mucho más pertinente que deseado,
esas acuarelas que pinto y sentencio.

En este lienzo de mi corazón roto
de dolor, por la tan angustiosa pira
que arde en las entrañas, y el cruel alboroto
en el alma mía que espera y que espira...

...Cómo se escapa fugitiva la vida,
mientras lentamente muero y me deshago
en el valle de lágrimas sin salida.

...Cómo se disipa la espuma de un trago
del fatal veneno que bebo querida
y con el que apago mi sed y me embriago.

---

rui.do.soes.es.te.cas.ta.ñe.te.oa.la.do	12
de.la.guar.diai.la.cus.to.dia.deun.si.len.cio	12
mu.cho.más.per.ti.nen.te.que.de.se.a.do	12
e.sas.a.cua.re.las.que.pin.toi.sen.ten.cio	12
en.es.te.lien.zo.de.mi.co.ra.zón.ro.to	12
de.do.lor.por.la.tan.an.gus.tio.sa.pi.ra	12
quear.deen.las.en.tra.ñas.iel.cruel.al.bo.ro.to	12
en.el.al.ma.mí.a.quees.pe.rai.quees.pi.ra	12
có.mo.sees.ca.pa.fu.gi.ti.va.la.vi.da	12
mien.tras.len.ta.men.te.mue.roi.me.des.ha.go	12
en.el.va.lle.de.lá.gri.mas.sin.sa.li.da	12
có.mo.se.di.si.pa.laes.pu.ma.deun.tra.go	12
del.fa.tal.ve.ne.no.que.be.bo.que.ri.da	12
i.con.el.quea.pa.go.mi.sed.i.meem.bria.go	12

Rima:

ABAB, CDCD, EFE, FEF.

Análisis estructural.

Como las olas del mar.

Deshilvanar los hilos de una sutura
a estos mis ojos firme y no pasajera,
dejar fluir la sangre hasta la sepultura
sin pensar que una alma pueda ser viajera.

Un sueño, un delirio, y hasta una quimera
inalcanzable de raíz, sin costura
que sostenga aquella la razón primera
bien de frente o de perfil, una postura.

Tan incómoda, cruel y dicharachera
como la espuma del mar, y así de pura
y dura y al final la fiel compañera.

Para que sirva como la sal y cura
para llorar este silencio, en la espera
para poder morir de una vez, criatura.

———————

Métrica:

des.hil.va.nar.los.hi.los.deu.na.su.tu.ra	12
aes.tos.mis.o.jos.fir.mei.no.pa.sa.je.ra	12
de.jar.fluir.la.san.grehas.ta.la.se.pul.tu.ra	12
sin.pen.sar.queu.naal.ma.pue.da.ser.via.je.ra	12
un.sue.ñoun.de.li.rioi.has.tau.na.qui.me.ra	12
i.nal.can.za.ble.de.ra.íz.sin.cos.tu.ra	12
que.sos.ten.gaa.que.lla.la.ra.zón.pri.me.ra	12
bien.de.fren.teo.de.per.fil.u.na.pos.tu.ra	12
tan.in.co.mo.da.cruel.i.di.cha.ra.che.ra	12
co.mo.laes.pu.ma.del.mar.ia.sí.de.pu.ra	12
i.du.rai.al.fi.nal.la.fiel.com.pa.ñe.ra	12
pa.ra.que.sir.va.co.mo.la.sal.i.cu.ra	12
pa.ra.llo.rar.es.te.si.len.cioen.laes.pe.ra	12
pa.ra.po.der.mo.rir.deu.na.vez.cria.tu.ra	12

Rima:

ABAB, BABA, BAB, ABA.

Análisis estructural.

Retomar rumbos.

Los sinuosos entresijos del camino,
vertiginosos y angustiosos senderos
del entramado universo de pasiones
desatadas de la llama de un amor
inquebrantables los nuestros corazones.

Atenuantes dulzores de una amargura
dejada atrás y presa de los olvidos,
pasto del viento en esas viejas canciones
y que anuncian la esperanza y el color
rojo de los besos dados a montones.

Robados y rescatados por los lazos
que atan las almas viajeras en fusión
después de aquella maldita confusión.

Retomados por fin los rumbos en trazos
decididos, firmes como un corazón
atado a otro en el nudo de los lazos.

———————————

Métrica:

los.si.nuo.sos.en.tre.si.jos.del.ca.mi.no	12
ver.ti.gi.no.sos.ian.gus.tio.sos.sen.de.ros	12
del.en.tra.ma.dou.ni.ver.so.de.pa.sio.nes	12
de.sa.ta.das.de.la.lla.ma.deun.a.mor	12 = 11 + 1
in.que.bran.ta.bles.los.nues.tros.co.ra.zo.nes	12
a.te.nuan.tes.dul.zo.res.deu.naa.mar.gu.ra	12
de.ja.daa.trás.i.pre.sa.de.los.ol.vi.dos	12
pas.to.del.vien.toen.e.sas.vie.jas.can.cio.nes	12
i.quea.nun.cian.laes.pe.ran.zai.el.co.lor	12 = 11 + 1
ro.jo.de.los.be.sos.da.dos.a.mon.to.nes	12
ro.ba.dos.i.res.ca.ta.dos.por.los.la.zos	12
quea.tan.las.al.mas.via.je.ras.en.fu.sión	12 = 11 + 1
des.pués.dea.que.lla.mal.di.ta.con.fu.sión	12 = 11 + 1
re.to.ma.dos.por.fin.los.rum.bos.en.tra.zos	12
de.ci.di.dos.fir.mes.co.moun.co.ra.zón	12 = 11 + 1
a.ta.doa.o.troen.el.nu.do.de.los.la.zos	12

Rima:

- - ABA, - - ABA, CDC, CDC.

Análisis estructural

Eres…

Eres como el más puro y fino cristal
que solo se empaña con esa cruel frialdad
del aliento de unos labios de metal
que no hablaron con la voz de la verdad.

Eres la fruta madura de un rosal
que protege de la absurda vanidad
y nos aporta ese sabor a la sal
en la discreta nueva realidad.

Eres una musa que en tránsito firme
deshoja margaritas de su destino
para no dejar ni permitir rendirme.

Eres el fugaz rayo del desatino
de la única razón para no morirme
en este valle, en el final del camino.

———————

Métrica:

e.res.co.moel.más.pu.roi.fi.no.cris.tal	12 = 11 + 1
que.so.lo.seem.pa.ña.con.e.sa.cruel.frí.al.dad	12 = 13 -1
del.a.lien.to.deu.nos.la.bios.de.me.tal	12 = 11 + 1
que.noha.bla.ron.con.la.voz.de.la.ver.dad	12 = 11 + 1
e.res.la.fru.ta.ma.du.ra.deun.ro.sal	12 = 11 + 1
que.pro.te.ge.de.laab.sur.da.va.ni.dad	12 = 11 + 1
i.nos.a.por.tae.se.sa.bor.a.la.sal	12 = 11 + 1
en.la.dis.cre.ta.nue.va.re.a.li.dad	12 = 11 + 1
e.res.u.na.mu.sa.queen.trán.si.to.fir.me	12
des.ho.ja.mar.ga.ri.tas.de.su.des.ti.no	12
pa.ra.no.de.jar.ni.per.mi.tir.ren.dir.me	12
e.res.el.fu.gaz.ra.yo.del.de.sa.ti.no	12
de.laú.ni.ca.ra.zón.pa.ra.no.mo.rir.me	12
en.es.te.va.lleen.el.fi.nal.del.ca.mi.no	12

Rima:

ABAB, ABAB, CDC, DCD.

Análisis estructural

Ella se creyó…

Ella se creyó libre cuando lo cierto
era que cambiaba lazos por cadenas
distinta textura y distinto calibre
y recalado en las profundas arenas.

Ella se creyó feliz cuando lo puro
era que cambiaba el oro por el plomo
de mayor peso pero metal impuro
sin embargo ahí está su tenaz aplomo.

Injusta razón para decir adiós
frágil argumento de novela rosa
para una tan cruel despedida.. ¡Por Dios!

La estrella del norte ya mira hacia el sur,
más las esperanzas están en el norte,
y no hace falta ser para esto un tahúr.

————————

Métrica:

e.lla.se.crey.ó.li.bre.cuan.do.lo.cier.to	12
e.ra.que.cam.bia.ba.la.zos.por.ca.de.nas	12
dis.tin.ta.tex.tu.rai.dis.tin.to.ca.li.bre	12
i.re.ca.la.doen.las.pro.fun.das.a.re.nas	12
e.lla.se.crey.ó.fe.liz.cuan.do.lo.cier.to	12
e.ra.que.cam.bia.bael.o.ro.por.el.plo.mo	12
de.ma.yor.pe.so.pe.ro.me.tal.im.pu.ro	12
sin.em.bar.goa.híes.tá.su.te.naz.a.plo.mo	12
in.jus.ta.ra.zón.pa.ra.de.cir.a.diós	12 = 11 + 1
frá.gil.ar.gu.men.to.de.no.ve.la.ro.sa	12
pa.rau.na.tan.cruel.des.pe.di.da.por.dios	12 = 11 + 1
laes.tre.lla.del.nor.te.ya.mi.raha.ciael.sur	12 = 11 + 1
más.las.es.pe.ran.zas.es.tán.en.el.nor.te	12
i.noha.ce.fal.ta.ser.pa.raes.toun.ta.húr	12 = 11 + 1

Rima:

ABAB, CDCD, EFE, GHG.

Análisis estructural

Ser o no ser…

Las tibias y cálidas sábanas blancas,
desnudas al atardecer de un verano
que nunca existirá por el vil profano
por el cruel sacrificio de las barrancas...

...y los pantanos que ciegan con el lodo
miradas ausentes, lo que pudo ser
y no fue, por eso del ser o no ser,
y para aglutinar en la nada un todo.

Somos aves de paso en la libertad
como las alondras buscan en el cielo
el rumbo que les conduzca a la verdad.

Y somos pasto del destino labrado
con el verso a verso, paso a paso, firmes
contrastes de lo que un día fue augurado.

———

Métrica:

las.ti.bias.i.cá.li.das.sá.ba.nas.blan.cas	12
des.nu.das.al.a.tar.de.cer.deun.ve.ra.no	12
que.nun.cae.xis.ti.rá.por.el.vil.pro.fa.no	12
por.el.cruel.sa.cri.fi.cio.de.las.ba.rran.cas	12
i.los.pan.ta.nos.que.cie.gan.con.el.lo.do	12
mi.ra.das.au.sen.tes.lo.que.pu.do.ser	12 = 11 + 1
i.no.fue.por.e.so.del.ser.o.no.ser	12 = 11 + 1
i.pa.raa.glu.ti.nar.en.la.na.daun.to.do	12
so.mos.a.ves.de.pa.soen.la.li.ber.tad	12 = 11 + 1
co.mo.las.a.lon.dras.bus.can.en.el.cie.lo	12
el.rum.bo.que.les.con.duz.caa.la.ver.dad	12 = 11 + 1
i.so.mos.pas.to.del.des.ti.no.la.bra.do	12
con.el.ver.soa.ver.so.pa.soa.pa.so.fir.mes	12
con.tras.tes.de.lo.queun.dí.a.fueau.gu.ra.do	12

Rima:

ABBA, CDDC, EFE, GHG.

Análisis estructural

Absurdo proceder.

Sentado en el umbral de una despedida
que habla de la oscuridad de sueños rotos
de quienes un día fuimos los devotos
fieles amantes de pasión desmedida.

Dislate de transición, más atrevida,
disparate de desatinados votos,
aquellas sinrazones que ponen cotos,
crueles despropósitos para una vida.

El fatuo y absurdo proceder ignoto,
desconocido, lejos la luz, incierto,
falaz la pureza de la flor de Loto.

Armas en la batalla del desconcierto
veneno para un corazón manirroto
ávido por creer estar en lo cierto.

———————

Métrica:

sen.ta.doen.el.um.bral.deu.na.des.pe.di.da	12
queha.bla.de.laos.cu.ri.dad.de.sue.ños.ro.tos	12
de.quie.nes.un.dí.a.fui.mos.los.de.vo.tos	12
fie.les.a.man.tes.de.pa.sión.des.me.di.da	12
dis.la.te.de.tran.si.ción.más.a.tre.vi.da	12
dis.pa.ra.te.de.de.sa.ti.na.dos.vo.tos	12
a.que.llas.sin.ra.zo.nes.que.po.nen.co.tos	12
crue.les.des.pro.pó.si.tos.pa.rau.na.vi.da	12
el.fa.tuoi.ab.sur.do.pro.ce.der.ig.no.to	12
des.co.no.ci.do.le.jos.la.luz.in.cier.to	12
fa.laz.la.pu.re.za.de.la.flor.de.lo.to	12
ar.mas.en.la.ba.ta.lla.del.des.con.cier.to	12
ve.ne.no.pa.raun.co.ra.zón.ma.ni.rro.to	12
á.vi.do.por.cre.er.es.tar.en.lo.cier.to	12

Rima:

ABBA, ABBA, CDC, DCD.

Análisis estructural

Razones y razón.

Cortinas de humo en la frágil faltriquera,
hielo en el alma por una cruel traición,
deshechas las costuras del corazón
roto, anhelo de una nueva primavera.

Citas pendientes con parca calavera
atendiendo al flujo de la sinrazón
cuando no existe tiempo para el perdón,
y solo queda el camino de la espera.

Las crueles fauces de un rendido león
son ahora víctima de su quimera
luces fundidas de letras de neón.

Que fueron un día la razón primera,
más es hoy tras el sorprendente apagón
fruto de desolación hasta que muera.

———————

Métrica:

cor.ti.nas.dehu.moen.la.frá.gil.fal.tri.que.ra	12
hie.loen.el.al.ma.por.u.na.cruel.trai.ción	12 = 11 + 1
des.he.chas.las.cos.tu.ras.del.co.ra.zón	12 = 11 + 1
ro.toan.he.lo.deu.na.nue.va.pri.ma.ve.ra	12
ci.tas.pen.dien.tes.con.par.ca.ca.la.ve.ra	12
a.ten.dien.doal.flu.jo.de.la.sin.ra.zón	12 = 11 + 1
cuan.do.noe.xis.te.tiem.po.pa.rael.per.dón	12 = 11 + 1
i.so.lo.que.dael.ca.mi.no.de.laes.pe.ra	12
las.crue.les.fau.ces.deun.ren.di.do.le.ón	12 = 11 + 1
son.a.ho.ra.víc.ti.ma.de.su.qui.me.ra	12
lu.ces.fun.di.das.de.le.tras.de.ne.ón	12 = 11 + 1
que.fue.ron.un.dí.a.la.ra.zón.pri.me.ra	12
más.es.hoy.tras.el.sor.pren.den.tea.pa.gón	12 = 11 + 1
fru.to.de.de.so.la.ción.has.ta.que.mue.ra	12

Rima:

ABBA, ABBA, BAB, ABA.

Análisis estructural

MÉTRICA 13

Tridecasílabos

Aves pasajeras.

Vuelo de aventureras de aves pasajeras
que desatan desplegando bello esplendor,
abrazadas quedaron promesas de amor,
atrás dejan la desolación de fronteras,
puesto que si con un sol naciente las vieras,
de tus sueños gozarías con resplandor,
pues de la vida verías aquel color,
como las dueñas del viento, igual de ligeras.

Ese sueño que no viene cuando deseas
el caballo alado pasa por tu balcón,
pero tienes los ojos cerrados a un mundo
que mantendrá cerrado así tu corazón,
es por eso que es probable que no lo veas,
vuela; y de vez en cuando, pierde la razón.

———————

vue.lo.dea.ven.tu.re.ras.dea.ves.pa.sa.je.ras	13
que.de.sa.tan.des.ple.gan.do.be.lloes.plen.dor	13 = 12 + 1
a.bra.za.das.que.da.ron.pro.me.sas.dea.mor	13 = 12 + 1
a.trás.de.jan.la.de.so.la.ción.de.fron.te.ras	13
pues.to.que.si.con.un.sol.na.cien.te.las.vie.ras	13
de.tus.sue.ños.go.za.rí.as.con.res.plan.dor	13 = 12 + 1
pues.de.la.vi.da.ve.rí.as.a.quel.co.lor	13 = 12 + 1
co.mo.las.due.ñas.del.vien.toi.gual.de.li.ge.ras	13
e.se.sue.ño.que.no.vie.ne.cuan.do.de.se.as	13
el.ca.ba.lloa.la.do.pa.sa.por.tu.bal.cón	13 = 12 + 1
pe.ro.tie.nes.los.o.jos.ce.rra.dos.aun.mun.do	13
que.man.ten.drá.ce.rra.doa.sí.tu.co.ra.zón	13 = 12 + 1
es.por.e.so.quees.pro.ba.ble.que.no.lo.ve.as	13
vue.lai.de.vez.en.cuan.do.pier.de.la.ra.zón	13 = 12 + 1

Rima:

ABBAABBA, CDEDCD. (licencia)

Análisis estructural.

Firmes proas.

Subía la marea de las intenciones,
esas nefastas sombras de un fatal presagio,
pero no hay cabida en el alma de un naufragio,
ni sitio del descalabro en los corazones.

Engañosas las olas quisieran razones
ninguna síntesis que argumente un adagio,
ni por el mínimo asomo, ni por contagio,
que rinda las armadas naves de sus guiones.

Firmes las proas y osadas velas al viento
baten audaces, sin temor las tempestades,
de penalidades y distorsiones ciento.

Más no eres tú, el reino del mal quien me persuades,
nunca fuiste ni serás dueño del tormento,
a pesar de que lo intentes con tus crueldades.

———

Métrica:

su.bí.a.la.ma.re.a.de.las.in.ten.cio.nes	13
e.sas.ne.fas.tas.so.bras.deun.fa.tal.pre.sa.gio	13
pe.ro.nohay.ca.bi.daen.el.al.ma.deun.nau.fra.gio	13
ni.si.tio.del.des.ca.la.broen.los.co.ra.zo.nes	13
en.ga.ño.sas.las.o.las.qui.sie.ran.ra.zo.nes	13
nin.gu.na.sín.te.sis.quear.gu.men.teun.a.da.gio	13
ni.por.el.mí.ni.moa.so.mo.ni.por.con.ta.gio	13
que.rin.da.las.ar.ma.das.na.ves.de.sus.guio.nes	13
fir.mes.las.pro.as.io.sa.das.ve.las.al.vien.to	13
ba.ten.au.da.ces.sin.te.mor.las.tem.pes.ta.des	13
de.pe.na.li.da.des.i.dis.tor.sio.nes.cien.to	13
más.noe.res.túel.rei.no.del.mal.quien.me.per.sua.des	13
nun.ca.fuis.te.ni.se.rás.due.ño.del.tor.men.to	13
a.pe.sar.de.que.loin.ten.tes.con.tus.cruel.da.des	13

Rima:

ABBA, ABBA, CDC, DCD.

Análisis estructural.

Guerra de sentimientos.

Ese mi ajado cuerpo que habla de su angustia
deformándose por la ansiedad y la pena,
ese líquido que retire la flor mustia
por el querer vivir una nueva condena.

Esos tus ojos que ya no pueden brillar
porque abandonaron súbitamente su alma,
en busca de una quimera lejos del mar
lloran buscado la tristeza de una calma.

Que dibujan la guerra de los sentimientos
la pausa en el trajín, un olvido perpetuo
una ruina, un desalojo y esos tormentos…

…que ya no permiten respirar ni vivir
una falsa salida de los laberintos
y sin duda el cruel anuncio de un sinvivir.

———————

Métrica:

e.se.mia.ja.do.cuer.po.queha.bla.de.suan.gus.tia	13
de.for.mán.do.se.por.laan.sie.dad.i.la.pe.na	13
e.se.lí.qui.do.que.re.ti.re.la.flor.mus.tia	13
por.el.que.rer.vi.vir.u.na.nue.va.con.de.na	13
e.sos.tus.o.jos.que.ya.no.pue.den.bri.llar	13 = 12 + 1
por.quea.ban.do.na.ron.sú.bi.ta.men.te.sual.ma	13
en.bus.ca.deu.na.qui.me.ra.le.jos.del.mar	13 = 12 + 1
llo.ran.bus.ca.do.la.tris.te.za.deu.na.cal.ma	13
que.di.bu.jan.la.gue.rra.de.los.sen.ti.mien.tos	13
la.pau.saen.el.tra.jín.un.ol.vi.do.per.pe.tuo	13
la.rui.naun.de.sa.lo.joi.e.sos.tor.men.tos	13 = 12 + 1
que.ya.no.per.mi.ten.res.pi.rar.ni.vi.vir	13 = 12 + 1
u.na.fal.sa.sa.li.da.de.los.la.be.rin.tos	13
i.sin.du.dael.cruel.a.nun.cio.deun.sin.vi.vir	13 = 12 + 1

Rima:

ABAB, CDCD, EFE, GEG.

Análisis estructural.

Sin motivo ni razón.

Pero siempre quise el bonito salazón
del caramelo y el brillo de una mirada
que me hablaba siempre con esa voz de amada
y amé... sí, la amé con todo mi corazón.

Sin ningún motivo y sin ninguna razón,
amé solo por amar a una piel tostada
al ritmo de alguna bonita canción de hada,
amé hasta llegar a alcanzar una pasión.

Apasionado y hasta incluso enloquecido
por el filo de aquella navaja afilada
y confusa, por haber saber lo perdido...

...di más que la vida en ello, sin más salida
que reservar el recuerdo que mantenido
quedó preso en el corazón, mi alma dolida.

———————

Métrica:

pe.ro.siem.pre.qui.seel.bo.ni.to.sa.la.zón	13 = 12 + 1
del.ca.ra.me.loi.el.bri.llo.deu.na.mi.ra.da	13
que.meha.bla.ba.siem.pre.con.e.sa.voz.dea.ma.da	13
ia.mé.sí.laa.mé.con.to.do.mi.co.ra.zón	13 = 12 + 1
sin.nin.gún.mo.ti.voi.sin.nin.gu.na.ra.zón	13 = 12 + 1
a.mé.so.lo.por.a.mar.au.na.piel.tos.ta.da	13
al.rit.mo.deal.gu.na.bo.ni.ta.can.ción.deha.da	13
a.méhas.ta.lle.gar.aal.can.zar.u.na.pa.sión	13 = 12 + 1
a.pa.sio.na.doi.has.tain.clu.soen.lo.que.ci.do	13
por.el.fi.lo.dea.que.lla.na.va.jaa.fi.la.da	13
i.con.fu.sa.por.ha.ber.sa.ber.lo.per.di.do	13
di.más.que.la.vi.daen.e.llo.sin.más.sa.li.da	13
que.re.ser.var.el.re.cuer.do.que.man.te.ni.do	13
que.dó.pre.soen.el.co.ra.zón.mial.ma.do.li.da	13

Rima:

ABBA, ABBA, CDC, DCD.

MÉTRICA 14

Tetradecasílabos

Paloma torcaz…

Paloma torcaz un día, esa de la paz mía,
si un día yo pudiera, por ti la vida diera.
Paloma quién te viera, incansable viajera,
allá en lo alto y sombría, como mi sombra fría.

No olvides que te espera, por ver esa quimera,
en lo alto de la loma, serás tú mi paloma.
De la paz la paloma, y además con diploma,
tú serás la primera, torcaz y mensajera.

———

Métrica:
Alejandrino.

Pa.lo.ma.tor.caz.un.dí.ae.sa.de.la.paz.mí.a	14	7 +7
siun.dí.a.yo.pu.die.ra.por.ti.la.vi.da.die.ra	14	7+7
pa.lo.ma.qui.én.te.vie.rain.can.sa.ble.via.je.ra	14	7+7
a.lláen.loal.toi.som.brí.a.co.mo.mi.som.bra.frí.a,	14	7+7
nool.vi.des.que.tees.pe.ra.por.ver.e.sa.qui.me.ra	14	7+7
en.loal.to.de.la.lo.ma.se.rás.tú.mi.pa.lo.ma	14	7+7
de.la.paz.la.pa.lo.mai.a.de.más.con.di.plo.ma	14	7+7
tú.se.rás.la.pri.me.ra.tor.caz.i.men.sa.je.ra	14	7+7

Rima:

Interna en la 7 y externa en la 14.

ABBA BCCB

Análisis estructural.

Vuelo sin fronteras.

Vuelo aventurero de las aves pasajeras
que desatan y despliegan todo su esplendor,
abrazadas quedaron mil promesas de amor,
atrás dejan la desolación de mil fronteras…

…pues si retozar con un sol naciente las vieras,
de tus sueños gozarías con el resplandor,
así pudieras de la vida ver su color,
como las dueñas del viento, tal que así, ligeras.

Ese sueño que no viene cuando tú deseas
es el caballo alado que vuela en tu balcón,
si tienes los ojos cerrados y no lo creas…

…tendrás ciego, cerrado también tu corazón,
tal vez por eso que es probable que no lo veas,
vuela; y en ocasiones perderás la razón.

Métrica:

vue.loa.ven.tu.re.ro.de.las.a.ves.pa.sa.je.ras	14
que.de.sa.tan.i.des.plie.gan.to.do.sues.plen.dor	14 = 13 + 1
a.bra.za.das.que.da.ron.mil.pro.me.sas.dea.mor	14 = 13 + 1
a.trás.de.jan.la.de.so.la.ción.de.mil.fron.te.ras	14
pues.si.re.to.zar.con.un.sol.na.cien.te.las.vie.ras	14
de.tus.sue.ños.go.za.rí.as.con.el.res.plan.dor	14 = 13 + 1
a.sí.pu.die.ras.de.la.vi.da.ver.su.co.lor	14 = 13 + 1
co.mo.las.due.ñas.del.vien.to.tal.quea.sí.li.ge.ras	14
e.se.sue.ño.que.no.vie.ne.cuan.do.tú.de.se.as	14
es.el.ca.ba.lloa.la.do.que.vue.laen.tu.bal.cón	14 = 13 + 1
si.tie.nes.los.o.jos.ce.rra.dos.i.no.lo.cre.as	14
ten.drás.cie.go.ce.rra.do.tam.bién.tu.co.ra.zón	14 = 13 + 1
tal.vez.por.e.so.quees.pro.ba.ble.que.no.lo.ve.as	14
vue.lai.en.o.ca.sio.nes.per.de.rás.la.ra.zón	14 = 13 + 1

Rima:

ABBA ABBA CDC DCD

Análisis estructural.

Nada más lejos…

Nada más lejos vida, ver llorar a una flor,
y más nada más cerca, conocer el amor.
Pintaban bastos en la partida y yo en renuncio,
ningún as en la manga, ninguna jugarreta,
pero tendido al viento, como frágil veleta,
así tal cual soy, de esta forma yo me pronuncio.

Nada más lejos, nada, que agachar el hocico,
nada más cerca vida, ya a mis cuarenta y pico.
Abrazo ese amor, tal como me abrazo a la vida,
sumerjo mi alma en ella, sin más capa y coraza,
que este linaje y el fiel coraje de mi raza,
y a la muerte yo la reto, y sigo en la partida.

———————

Métrica:

na.da.más.le.jos.vi.da.ver.llo.rar.au.na.flor	14 = 13 + 1
i.más.na.da.más.cer.ca.co.no.cer.el.a.mor	14 = 13 + 1
pin.ta.ban.bas.tos.en.la.par.ti.dai.yoen.re.nun.cio	14
nin.gún.as.en.la.man.ga.nin.gu.na.ju.ga.rre.ta	14
pe.ro.ten.di.doal.vien.to.co.mo.frá.gil.ve.le.ta	14
a.sí.tal.cual.soy.dees.ta.for.ma.yo.me.pro.nun.cio	14
na.da.más.le.jos.na.da.quea.ga.char.el.ho.ci.co	14
na.da.más.cer.ca.vi.da.yaa.mis.cua.ren.tai.pi.co	14
a.bra.zoe.sea.mor.tal.co.mo.mea.bra.zoa.la.vi.da	14
su.mer.jo.mial.maen.e.lla.sin.más.ca.pai.co.ra.za	14
quees.te.li.na.jei.el.fiel.co.ra.je.de.mi.ra.za	14
ia.la.muer.te.yo.la.re.toi.si.goen.la.par.ti.da	14

Rima:
AABCCB, DDEFFE.

Análisis estructural.

Poesía libre

La poesía libre como su nombre indica rompe con los parámetros y con la rigidez para dar paso a la profundidad, no por ello es necesario que desaparezca del todo la rima o la métrica, sin embargo es intrascendente cuando el valor supremo es el mensaje.

Sin duda aparecerán esos rasgos intrínsecos de cualquier poeta, dejarse llevar por los tonos, los ritmos y en consecuencia por las rimas para lograr la fácil lectura. Pero entiéndase que el sentido de libertad es el arma fundamental para la expresión poética en este apartado.

Libre

Burbujeante trinar
de las aves de paso
que surcan el cielo
de un lagrimal seco.
Arduo rutilar del brillo
del sereno atardecer
de ávida esperanza
y sólida templanza.

Acuciante cantar
de las alas al viento
sintonía sintética
de silencios largos.
Perpetuo sinvivir
por seguir viviendo
en luz de la confianza
y de sutil bonanza.

Amenazante Cruz
del camino de pasión
rendido al culto llano
proscrito y pagano.
Redimido y salvado
por los verdes campos
y los humedales
de la fiel medranza
que un amor alcanza.

———————

Te lo digo a ti.

Esta es mi receta sanadora,
tubos de amor rellenos de carne
para llegar al desafío y encarne
la solidez del toro, y Pandora...

Sacará de mí las alas voladoras
de León que hará que reencarne
en basto morlaco y descarne
ansiadas ilusiones soñadoras.

Te lo digo a ti, mi señora, a ti
que vives en mí, sin remedio
y a mí que siempre estaré aquí.

Aunque esté perdido en medio
de turbulentas sombras, aquí
a tu vera, en este intermedio.

———

Valores en alza.

Si el amor cotiza a la baja
en el mercado de valores,
mi corazón llora de pena
a la espera de esos relojes.

Que marquen las horas
de una llamada, querida,
en el alma de un pobre
que busca la salida.

Y la puerta de un cielo
se abre solo en el momento
que el infierno te abraza
para dar un tormento.

No hay más vida, mi vida
que sirva de antojos,
y mi vida vive presa
de esos tus lindos ojos.

Que hablan de dioses
eternos y luces del alba,
si me encuentro contigo
mi alma está en calma.

———————

Vuelven siempre.

Y antes de morirme quiero
ver tus ojos que fueron guía
pues sabes bien que te quería
puede caer el sol y te quiero.

Como decía Bécquer, amor...
las golondrinas vuelven siempre,
en un verano o en un septiembre
al balcón a anidar pues el candor...

...de una llama no se extingue
por la distancia, sino por el hielo
y mi amor por ti se distingue...

...por salir del corazón, a pelo,
y es lo más grandioso y pingue
que viví tu piel de terciopelo.

———————

Paseaba…

Paseaba por el húmedo y placentero
sendero de mis fantasías y acariciaba
los dulces labios de mi libertad
asumiendo el riesgo de quedar prendido
de su encanto.

Y en un salto al vacío aterricé
en el valle del amor, cuyas fronteras
eran unas caderas de vértigo
el sedoso tacto de una piel
hecha para el pecado.

Mis ojos iluminados por la oscuridad
bebían poco a poco el veneno
que surgía de sus inquietas entrañas
en un delirio de placer.

———————

Pasar página.

Cuando giré la página que ponía fin,
y la siguiente era un reto
pues incitaba a seguir escribiendo
nuevas páginas de una nueva realidad.

Y así... mi pluma está preparada
y el tintero lleno de mi sangre
para dar fe de mis sentimientos
pasados y sobre todo futuros.

No siempre un paso atrás es un error,
sirve de carrerilla de impulso
para una nueva carrera
y un nuevo amanecer.

———————

Qué poco dura…

Qué poco dura una promesa
qué poco dura una soledad
cuando la sangre se espesa,
qué triste es la vanidad.

De esos polvos, vienen los lodos
de una sonrisa la maldición,
de un abrazo hincando los codos
nace la fruta de la traición.

Qué poco duran las alegrías
en la casa de un espíritu pobre
que amasijo de bulerías...

...y fandangos y rumbas y soleás
para dar y tomar y que sobre
y ya no te digo yo más. Tomás.

———————

A favor de viento.

Ir a favor del viento es morder las esquinas
y bajar al infierno es como visitar a un muerto,
con la sonrisa loca de una despedida
que sabe a un hasta siempre con la boca pequeña,
sin embargo no sabes si estás tan dormido
y que todo es nada después del olvido.
Nunca hice poemas de lugares tristes,
supe capearlos con mis alegrías.
Y ahora que ya es tarde... naces en mi mente,
pues estás presente como el primer día.
No subas a un cielo si estás perdida,
no llames a puertas que quieras cerrar,
no busques en nada lo que no quisiste,
no juegues al juego de quedarte triste.
Súbete al caballo de tu libertad.

———————

Burlescas sombras.

Burlescas sombras chinas
inclinadas por tímido Sol
que con tu luz apadrinas
para darles forma, vida.

Juguetonas, parlanchinas
acarician con sus risas
el sendero que caminas
para hacerlo placentero.

Camina, princesa, camina,
que en andar está el lucero
para encontrar una mina.

Pues el oro que yo quiero
tus bellos ojos lo ilumina
pues tú eres mi lucero.

———————

Me sabe a poco.

En viendo esas escarpadas rocas
sublimes ecos de una pareidolia,
imágenes de esas miradas locas,
percepciones erróneas de gloria.

El estímulo vago y aleatorio,
de falsas formas reconocibles
por un fenómeno recordatorio
de esas ansias insaciables.

Y me saben a humo...
los cigarrillos que me fumo.
Y me saben a poco...
los besos que te provoco.

———————

Un poeta…

Un poeta se baña
en aguas templadas,
y muerde y araña
a musas y hadas…

…lenguas de trapo,
lenguaje tosco, febril,
como un harapo
en un mes de abril.

Un poeta se baña
en balsas de aceite,
y sorbe y rebaña
para su deleite…

…las mieles dulzonas,
los cálidos versos,
dignos de coronas
como tus dulces besos.

———————

Precipitación.

Atropelladas las palabras
se precipitan por las telas
amarillentas y macabras
de harapientas entretelas.

Cada surco en que labras
en un verso de cantinelas
para que el corazón abras
y despliegues tus velas.

Del "cantar de los cantares",
el himno que encienda el fuego,
que se rindan los avatares.

Ante el brillo desde luego,
de la luz del amor cuando amares,
nada mejor que este juego.

———————

Aguas mansas.

Me baño en mi piscina
vacía de contenido hídrico,
seca como mi pluma fina,
sanador sabor fluorhídrico.

Agua mansa, cristalina,
la voz con tono hiperclorhídrico,
mi alma con Catalina,
la piel de blanco clorhídrico.

El Sol asomado a la ventana
con un ojo cerrado, y el otro
guiñando a la bonita mañana.

Mañana será otro mañana
y brincaré como un potro,
hoy miro por la ventana.

———————

Esa voz...

Esa voz del populacho
que quiere hacerse servil,
más no es más que vil
como la voz de un borracho.

Doctores de barra de bar,
abogados de pacotilla,
¡ay! Madre mía, chiquilla,
yo me voy a mi mar.

Ese que nunca me miente,
el que está siempre conmigo
y yo lo tengo muy presente.

Él es mi único amigo,
claro, y clarividente,
él me mantiene contigo.

———

Hermosas palabras.

Tus hermosas palabras
me abrigan a mí el alma
si me hablas, sí señor,
tal que aquel ruiseñor...

...que quiso ser carpintero,
alondra y hasta torero,
en esas tardes macabras
donde se ausenta la calma.

Y soy para ti ese gorrión
que se posa en tu "self service"
de alpiste para mi corazón...

...que arde por una pasión
desatada por el "device",
que eres para mí, un bombón.

———————

Tensa calma.

Tensa calma, inquieta,
ceremoniosa parsimonia
del estado de ánimo
frugal, más intenso...

...latir de la bomba de calor
alimentada por el amor
que fue y es y será...
per secula seculorum.

Artesanos los escritos
que vomita una pluma
en manos de un proscrito.

Espesa la bruma
que ciega manuscritos
y al final abruma.

Cansado.

Cansados mis ojos, cansados
de buscar y buscar una vocal
para esta consonancia febril
que se merece una inicial...

...un principio y un final
en cada paso, un paso menos
y en la frente, la mente cabal
y unos gramos de locura...

...que tampoco está tan mal,
que es demasiada cordura
para este pobre animal...

...de bellota y armadura
de la cabeza fatal,
pero el alma así de dura.

———————

Corrosión.

Me corroe las entrañas
que no aceptan alimento
al saber que me extrañas
como si fuera el viento...

...fugaz y transitorio,
falaz y embustero
como en el Tenorio
un falso te quiero...

...y un no te olvido
por lo que eres y has sido,
y por lo que he perdido...

...pues la bruma era Cupido
llamando al común sentido...
y fui sorda, un sinsentido.

———————

Y volví...

Y volví a besar los labios
del pecado, como un niño
que lejos de ser un sabio
los besó con todo cariño.

Ciego de un amor roto
en mil pedazos, ciego...
ante aquel maremoto
destructor de mi ego.

Y volví a sus placeres
que eran y serán los míos...
...a mis nobles quereres.

Que yo hice suyos...
...sabiendo que ya no eran míos,
sino simplemente son suyos.

———————

Pueblo mío.

Pueblo mío que desde la colina
te esfuerzas por mirar al mar...
recoge en tu seno con luz divina
mi voz callada que quiso amar.

Y este mi llanto en el caminar
por tus callejas con sordina...
pues no soportan el cantar
de esta mi pena peregrina.

Viste mis ojos de primavera
tal que hice yo a mi princesa,
que mi corazón no desespera.

Porque se convirtió en diablesa
en un salto mortal cualquiera,
pero siempre será mi princesa.

———————

Para qué…

Para qué más detalles...
si está todo dicho a la vuelta de todo
en la dulce desdicha de los arrabales,
y como en la guerra todos pierden
la dicha de su alma por los criminales.

Para qué más mentiras...
si fueron piadosas todas las verdades
en las sábanas blancas de los ideales,
y como perros rabiosos se muerden,
como dijo el poeta malditos finales...

...Que desatan las penas...
si se cumplen o no a pesar de todo
en un cielo se quedan esos puñales,
y la sutil memoria para que recuerden,
que las promesas rotas son fatales.

Para qué más sonrisas...
si es un cementerio de vanidades
los besos que nos dimos siendo chavales,
hoy simples rasgos de las obviedades,
pero que sí, un día fueron verdades.

———————

Qué difícil…

Qué difícil es ser gorrión
entre aves de rapiña, señor.
Qué difícil es ser cantor
cuando te late el corazón.

Qué difícil es ser jilguero
entres nubes de algodón.
Qué difícil tener un don
y metido en un agujero.

Cuánto nos cuesta vivir
cuando nos roban la vida.
Cuánto hay que sufrir
cuando pierdes la partida.

Qué difícil es ser poeta
entre los seres impuros.
Qué difícil mantener la chaveta
con estos malditos futuros.

————————

Evito.

Evito los lugares que traen recuerdos
sin embargo no olvido ningún sueño,
me siento desnudo pero risueño...
me cuidan los pensamientos cuerdos.

Lejos de una locura de amor imposible
de los fantasmas y las crueles caderas
y un corazón que se creyó libre, y no era...
que me llevaron a un infierno tangible.

Ahora cuento los daños y la pena
y me doy perfecta cuenta de que no,
era ciego, pues nunca valió la pena.

Y en un sí siempre hay un no,
un querer quererte, aun siendo condena
pero hoy sinceramente digo no.

———————

Amantes perpetuos.

Las olas del mar acarician la arena
de una playa vacía por las ausencias
mientras mis ojos siguen mirando al mar,
insistentes, intolerantes presencias…
…que no se rinden a dejar de amar.

Y las voces que no dejan de hablarme,
de pedir justicia ante las injusticias
mientras fundimos el oro, el cantar,
pacientes, insurgentes vivencias…
…del no vivir por querer incordiar.

A los amantes perpetuos, infinitos,
al amor con mayúsculas, el tormento,
y cuántos momentos bonitos…

…Arrojados al intransigente viento,
cuántos besos en el aire, benditos
testigos de un verdadero sentimiento.

––––––––––

Qué triste…

Qué triste enamorarse de una flor
con fecha de caducidad, un flechazo
que supura la hiel del marchitado
un camino de ida y vuelta a ningún sitio.

Qué pena columpiarse en el aire
sin colchoneta que evite el rechazo
que supone la caída libre del pecado
una ruta sin rumbo ni destino.

Qué absurda es la carne si quiere
ganar a un alma, que inconsciencia,
qué falacia engañar porque se quiere...
a uno mismo engañarse,

———————————

Desde aquí…

Desde aquí no se ve el mar
pero se huele...
Desde aquí no vale amar
pero me duele...
Desde aquí yo pude amar
pero el dolor es...
Desde aquí no puedo amar
pero veo el mar.

Y ese mar me conmueve...
Desde aquí te veo a ti
y me duele...
Desde aquí te quiero
Y me duele...
Desde aquí te amé
más no conviene...
Desde aquí...

———————

Sin prisa.

Yo no tengo ninguna prisa,
a mí nadie me espera...
y no corre por aquí la brisa
esto es la repera...
Del colmo la cortapisa
de la prisa el colmo...
O quizá el cloroformo
que me tenga en la divisa.

Y quién sabe si una tonta
me contamina con su risa,
no sería una premisa...
todo es echar un polvo,
tampoco tiene misterio,
en todo caso duende...
Pues fuera de mi camisa
solo existe quien pretende.

———————

Aquellos dulces besos.

Hay quien dice que fui yo
el primero en olvidar...
...aquellos dulces besos
que me quisieron enseñar a amar.

En la sala de espera de un andén
donde me dispuse a esperar...
...por donde ya no pasan trenes
hacia ningún destino, ni lugar.

Y es la Torre de Babel, donde
queriendo llegar al cielo...
..se forjaron los desafíos
de no hablar el mismo idioma.

Y las palabras tomaron sentido
distinto según quién las diga...
...pues las almas se separaron
para nunca jamás volver a hablar.

———————

Tus ojos.

Tus ojos mi vida, tus ojos,
caudal que riega el cantizal
de frías noches de cristal,
tus ojos mi vida, tus ojos...

...el delirio de mis antojos,
que me inundan con esa sal
al beber de ese manantial,
tus ojos mi vida, tus ojos.

Y esos tus lindos labios rojos
que me besan siempre al final,
con tus labios mi vida, rojos...

...en largas noches de metal,
silvestres como los hinojos
que me curan de todo mal.

———————

Rendido.

Cercenaste de cuajo
cual afilada guadaña,
con cruel desparpajo
de aquel que engaña.

Las alas de un poeta
que se rindió a tus pies,
hay que tener mucha jeta
hacer lo derecho al bies...

...cerrar los ojos al amor,
dar tropiezos a traspiés
y provocar tanto dolor.

A quién tan bien te quiso,
sin saber tú de quereres
y meterte en esos guisos.

———————

Abrumado.

Me invade y me abruma
esa extraña timidez ambigua
tal vez hasta muy antigua
me nubla la espesa bruma...

...que apaga mis fuegos
encendiendo las miradas
de quien no busco hadas,
todas son como juegos...

...hasta los guiños furtivos
de quien no me conoce nada,
pues mis sueños son cautivos...

...del alma de mi amada,
y no hay más cera ni cultivos
que ardan cual mi razón... deseada.

———————

Recorrí, sentí, caí, mordí…

Recorrí esa zona del mapa
de tu cuerpo donde se entrelaza
el corazón y la tenaz mente,
pertinaz más inteligente.

Sentí los escalofríos en tu piel
desnuda mientras volaba
por tus agudos sentimientos,
cargando con los tormentos.

Caí en las redes que atrapan
y someten al más pintao…
las fuentes del amor eterno,
lo más parecido a un infierno.

Mordí la manzana prohibida
de tus encantos de mujer
fatal desenlace para un encuentro,
cuando te llevo muy adentro.

———————

Caricias.

Las caricias de una suave brisa
desafían el tiempo y las distancias
para posarse sin pausa ni prisa
en el fugaz encuentro, instancias...

...que reclaman las premisas
cercenadas por las circunstancias,
más sin remedio ni cortapisas
veré tus ojos en esas estancias...

...y en ellos dibujaré las sonrisas
que me hicieron cautivo un día
de su hechizo y por razones imprecisas...

...me desgarraron el alma baldía,
pero el amor es cosa de poetisas
y dicen que la dicha nunca es tardía,

———————————

Distorsión.

Distorsionadas las imágenes
que desbrujan la luz de un sol
escondido hoy tras las brumas,
tímido y vacío de contenido.

Frugal, parco, sobrio, moderado,
templado, mesurado y abstemio,
falaz, mentiroso y absurdo,
como las brisas pasajeras...

...Que anuncian lluvia de lágrimas
del cielo encapotado y soberbio,
altanero, altivo y arrogante.

Orgulloso, estirado, entonado,
engreído y engallado en sí mismo,
engalanado para vestirse de sombra.

———

Voces de león.

Atronadoras fauces del león
rugiente del dolor maldito
que retuerce entrañas
en la noche fría y calma.

Voces de la ultratumba
ecos de la caracola del mar
que un día fue y no es
ya la fiel mensajera.

Coloridas aguas con tinta
indeleble y surcos en la piel,
herida el alma y en pie
firme como estos versos.

Erguidos como un amor
que no muere por no morir
de amor, sino de tristeza
que angustia y modula.

… … … …

… … … …

Ondas de placer supremo
andanadas cañoneras
y fanfarrias que no cesan
de sacudir un corazón.

Ajado y rendido a los pies
de los caballos, a los pies
del derecho y del revés
pues ya lo ves...

A las penas puñalaaaas,
a los tormentos alegrías,
a los amores fandangos,
y a la vida... vivir.

———————

En mis labios…

En mis labios impresos
con impresora de chorro de tinta
en mis labios tus besos
de una nueva versión distinta.

En mis labios sellados
con candado al resto del mundo
en mis labios calmados
de la sed de mi amor profundo.

No es larga la espera
cuando no nada se espera
pero tranquila... espera...

...que esto no se ha acabado,
solo hemos empezado,
solo hemos reiniciado.

———————

Buenas noches.

Rebosan los manantiales
por un amor que no se rinde,
pues no hay frontera ni linde
en una pasión a raudales.

Buenas noches y saludos cordiales
que no hay noche que rescinde,
ni día en que uno prescinde
del sabor de tu bien y tus males.

A ti, atado por los destinos
caprichosos y dulces antojos
escribo estos desatinos.

A ti, mi amor, a tus lindos ojos,
testigos cuál celestinos
limpio de todos los enojos.

————————

Corre el agua.

Corre el agua clara y cristalina
por el valle abajo desde la montaña
de la sinceridad, atributo que no engaña.
Un nuevo Lorenzo y una Catalina.

Se deshace el barro por la adrenalina
que nos atrapa como la tela de araña
de la seda de una piel que desenmaraña…

…los líos mentales, los espejismos
dibujados en el desierto de arena,
pero seguimos siendo los mismos…

…que visten y calzan y se desmelena
el amor con sus alas de exquisitez,
amanece que no es poco… nena.

Bueno esto sí que es una estupidez
porque amanecer, ya hace rato morena,
pero tampoco se necesita rapidez…

"No por mucho madrugar amanece más temprano". Dicen.

———————

Ardientes.

Ardientes labios de ansiedad
y pasional deseo amor mío,
ardiente pero fresca realidad
de tu deseo carnal, y el mío.

Ardientes lenguas de la verdad
que quieren hablar sin palabras,
mudos los pulsos en claridad
diáfana tras la escena macabra.

Arco iris de colores nuevos,
distintos pero auténticos, puros
en la cesta todos los huevos.

Y para salir de los apuros
el coraje para los relevos,
a la tristeza le den dos duros.

———————

Dicen…

Dicen que se columpiaba
en el estrecho espacio
que hay entre la inercia y el retroceso.

Dicen que se quiso echar a volar
en un mar que confundió con un cielo,
por su daltonismo mental.

Dicen que se creía poeta
porque armonizaba sílabas
y conjugaba rimas por arte y oficio.

Dicen que se fue por aquel camino
donde no hay que mirar atrás,
sin riesgo de convertirse en estatua de sal.

———————

Nunca fuiste diva.

Ni me siento atrapado
ni me siento perdido...
por no estar a tu lado,
nunca estuviste aquí.

Lo demás son promesas
que se fueron con el viento...
sueños y cosas de esas,
que quedan para el tormento.

Nunca fuiste la diva
que rompías la pana...
si estuve contigo,
es porque me dio la gana.

Nunca fuiste la pareja
de nada y de nadie...
fuiste solo la dama
del amor primero.

———————

Quise…

Quise asentar la cabeza
cuando me dio la espalda
asomando con su falda
los ríos de mi tristeza.

Y asómola con torpeza
fundiendo la girnalda
de luz verde esmeralda,
creyó hacer una proeza.

Guiada por los cabestros
se encerró en el toril
errores que son ancestros.

De esos que los hay a mil
ahora los amores nuestros
esperan un mes de abril.

———————

Poesía abstracta

La poesía abstracta, como su nombre indica, es una poesía que no se presta a una interpretación literal o concreta. A menudo, las palabras se eligen más por sus sonidos que por sus significados, de la misma manera que el arte visual abstracto a menudo tiene más que ver con el color y la forma que con la creación de imágenes representativas.

Estúpidas voces.

Estúpidas voces
del hueco metal
sórdido como el aire
contaminado, impuro,
sucio, indecente
como el mar denostado,
indecorosa presencia
del mal de altura
de miras impúdicas
y mezquinas.
En el cielo una pregunta
en el infierno la respuesta,
en la tierra la duda
en el alma la pena
de oír estúpidas voces
del hueco metal.

———————

Sentires.

Hombres de piedra
que lanzados a un vacío
sangran y lloran
fábulas en el rostro,
hielo en la entraña
justiciera y torcaz
cual paloma poderosa,
templados sentires
de un mundo sin alas,
marionetas, arlequines
en la pista de baile
con la dama negra
que abraza la soledad.
Mujeres velas al pairo
tendido el lazo
de las promesas rotas,
saco de falacia
fuente de caño seco
labios traidores
flores de mayo
niebla en el alma
y la piel reseca
por la tormenta
de arena y sal,
dulces venenos
de primavera fría,
ausente de vida.

———————

Consejos prácticos para la evolución y la creatividad.

Conviene señalar que la poesía es una de las formas más antiguas de arte literario, pero también es un oficio. De ahí el subtítulo de esta obra. "Ser poeta, arte y oficio".

Como en cualquier otra actividad, es preciso el aprendizaje a través de las enseñanzas que nos ofrecen los clásicos, fuente del oficio y del desarrollo en la materia. Más tarde aparece la pauta personal, es decir, un estilo propio y probablemente inimitable, es lo que se conoce como exclusivo.

¿Quieres ser poeta? Pretende ser un empujón para aquellos que tienen cargados sus tinteros y ganas de transmitir lo que en ellos se encierran. La didáctica es simple y moderada, no es rígida ni pretenciosa, solo unos rasgos orientativos en busca de la verdadera fuente de inspiración de cada uno.

Los espacios dejados para los análisis no son más que la posibilidad de tomar notas y fabricar ese estilo personal al que hago referencia, que sin duda está y eso es lo que se espera que surja con este modesto trabajo.

Hoy en día existen verdaderas maravillas para ayudar al poeta a perfeccionar sus técnicas, analizadores de métricas, incluso de rimas y en general líneas de apoyo para forjar un trabajo con ciertas garantías.

Sería oportuno decir que para los principiantes es bueno iniciarse con estructuras sencillas y sin prisas, recordando que un escritor debe leer más de lo que escribe, eso es un principio fundamental.

Por ejemplo con métricas seis o menos e ir avanzando progresivamente hacia complejas estructuras de arte mayor. Pero esto lo dejo a gusto de cada uno.

Aquí dejo unos ejemplos de ejercicios sencillos para un inicio. Espero y deseo que enseguida logréis superarlos.

Solo me resta dar las gracias a todo aquel que se haya interesado por este trabajo y ruego disculpas a quien haya podido defraudar en su caso, no ha sido mi intención.

Podéis seguirme en Instagram y tener contacto para cualquier consulta. @poeta.joan

Juan José Donaire García

Ejercicios

Métrica 6

Cansado mi rostro,
ajada templanza
duros avatares
de desesperanza.

Busco las caricias
de tus bellos ojos,
busco la mirada
de los labios rojos.

Y de ojos cautivo,
son dos esmeraldas
ya es que yo no vivo.

De los labios preso
son rosas al viento,
me muero por eso.

———

Ejercicios

Métrica 7

Se disipa esa sombra
en brillo deslumbrante
de la luz, penetrante
la sensación que asombra.

Tenue mirada, alfombra
asomada al mar, guante,
fina seda y talante,
encanto que te nombra...

...diosa, solemnidad
esencia fiel de hogar,
majestuosa verdad...

...dispuesta a abrigar
hechos, realidad
e ilusión albergar.

———————

Caprichos

No quisiera terminar esta obra sin añadir unas caprichosas estructuras de trabajos anteriores y que precisan de un cierto grado de locura, fondo y forma además de rimas perpetuas son una especie de mezcla a la que habría que dar ese sentido esquizofrénico que asiste a todo poeta, y a muchos más.

**Geométrico.
Métrica de 4 a 14 y viceversa.**

Sí, Pascual,
yo cambio el dial
es muy habitual
soy fulano de tal
una persona cabal
pues no soy ningún animal
ni de la cabeza estoy tan mal,
así soy, simplemente soy normal,
eso, un individuo de lo más formal,
y muy bien nacido, y en esta capital,
mira, amigo pascual, hoy yo me encuentro fatal
con el buen hilo y la aguja y sin el dedal
Dios me libre, que no quiero lo ancestral
me guio por aquello de la moral
en tema de moda lo casual,
a la vida pongo la sal,
más en la boca bozal,
consonante y vocal
en el alma cal,
no está tan mal,
¡Eh! chaval.

____

Ante...

Quevedo fue el rey de la rima...
Perseverante, amenazante,
insultante, recalcitrante,
actuante, aguante, aislante,
amante, andante, aullante,
bacante, bailante, becante,
bergante, besante, boyante,
brabante, bramante, brillante,
callante, calmante, cambiante,
campante, cantante, cargante,
cascante, castrante, causante,
cesante, chillante, chirriante,
chocante, colgante, constante,
contante, sonante, copante,
cortante, acosante, crispante,
cuadrante, culpante, currante.
Y muchos más ante.
Hasta sus chaquetas eran de ante.

———————

Escritores.

A bordo de mi pluma viajera
surco los cielos de fantasía
para que vea quien quiera
lo que sale del alma mía.

Cada palabra es un sueño
cada expresión una idea
cada frase me hace dueño
de lo que quiero que lea...

El lector de mis escritos
y que alguno no crea
que nos tienen ya fritos.

Pues si algo nos mantiene
el ánimo son los manuscritos
quien quiera, ahí los tiene.

———————

Añoranza.

Añoro esos sofritos,
esos guisos de un caldo
desde mi alma fritos
y refritos que con versos escaldo...
...con mis manos escritos
para una Navidad, proscritos,
malditos, favoritos, aguinaldo
de este mi sentir guirnaldo,
del amor de mi amor, gritos
para oídos sordos, inauditos
receptores de la nada...
...por única respuesta.

Cae…

Cae la estructura férrica
que ocultaba una belleza
adivinada más indefinida
esa su verdadera grandeza.

Cae el muro del lamento
que nos asfixiaba el amor
adivinado más indefinido
ese vasto imperio de candor.

Cae la oscura noche cerrada
que nos angustiaba el alma
adivinada más indefinida
esa mañana de la calma.

Cae el rocío sobre los pétalos
que humedecía el beso final
adivinado más indefinido
ese encanto de un rosal.

- - -

Cae mi corazón rendido
que te amaba sin fronteras
adivinada más indefinida
esa pasión de lo que eras...

...desde que cogí tu tallo
que me clavaba tus espinas
adivinado más indefinido
ese llanto por las esquinas...

...de mi alma prendida en ti
que me acercaba a la suerte
adivinada más indefinida
esa llegada de una muerte.

———————

En las manos.

Apartados, separados,
aislados los tiburones
por ser tan chupones,
glotones galets, anclados...

...en agua aparte, apartados,
separados del suculento
manjar cocido a fuego lento
por unas manos mimados.

De la ardiente cocinera
manos de ángel redentor
sin dudas que la primera...

...que cuece con amor
la sopa en primavera
y comer ya con el tambor.

En las manos....

———————

Tiempo al tiempo.

Entre las cervezas y la risa
pues no hay ninguna prisa,
unas amenas charlas, o ¿charles?
qué más da, lo importante darles...

...una alegría a esos chiquillos
unas cuantas caricias, qué pillos
son los chiquillos, dulces, tiernos
como la seda de tus amores eternos.

Mientras te espero en el infierno
de mi cielo preferido y querido
porque yo quiero, y te quiero.

Esperarte a ti cielo de mis ojos
tristes y alegres al tiempo...
...tiempo hay que dar, sin enojos.

———————————

Del entusiasmo.

Entusiasmo, grandeza
del espíritu del soñador,
espectáculo, belleza
en su mayor esplendor.

Apasionante calor,
firme y fiel entereza
del valiente leñador
de un bosque de tristeza.

Luces en la oscuridad,
claridad de miras, color,
que llenas de libertad.

El arco iris del dolor
de sentirse en soledad,
y sin embargo resplandor.

———————

Juan José Donaire García, (1954)

Letrado, poeta y escritor de obras hasta ahora inéditas y publicadas en su nueva etapa de jubileo.

¿Quieres ser poeta? quiere ser el contrapunto que equilibre y armonice el entusiasmo por la literatura desde edad muy temprana. El clasicismo ha dejado paso al agorismo y a la libertad de expresión, al encuentro, sin abandonar los rasgos de una rima persistente y autóctona. Poesía para un inicio que marque la pauta de ese subtítulo: Ser poeta, arte y oficio.

Los poemas son historias breves y concisas, la prosa sirve de acorazado para impedir que la ortodoxia frene aquello que se quiere manifestar. Es la redondez o la cuadratura del círculo de los sentimientos de un poeta. La prosa también es poesía.

Conoce también mi narrativa en Te hablo a ti.

Te hablo a ti.

Enfrentarse a uno mismo no es tan fácil, en realidad solo es posible desde una perspectiva distinta. Nuestra historia se desarrolla en ese espacio misterioso y desconocido que existe entre la vida y la muerte. No podemos determinar un destino claramente certero hasta cruzar ese umbral, pero nuestro protagonista lo ha cruzado, ahora veremos si es consciente de su situación. En realidad para él nada ha cambiado, sin embargo ha cambiado todo. Su primera sorpresa es al mirarse en un espejo y no ver su propia imagen reflejada en él, le va a dar pistas de esa nueva realidad.

Juan José Donaire García